JN077549

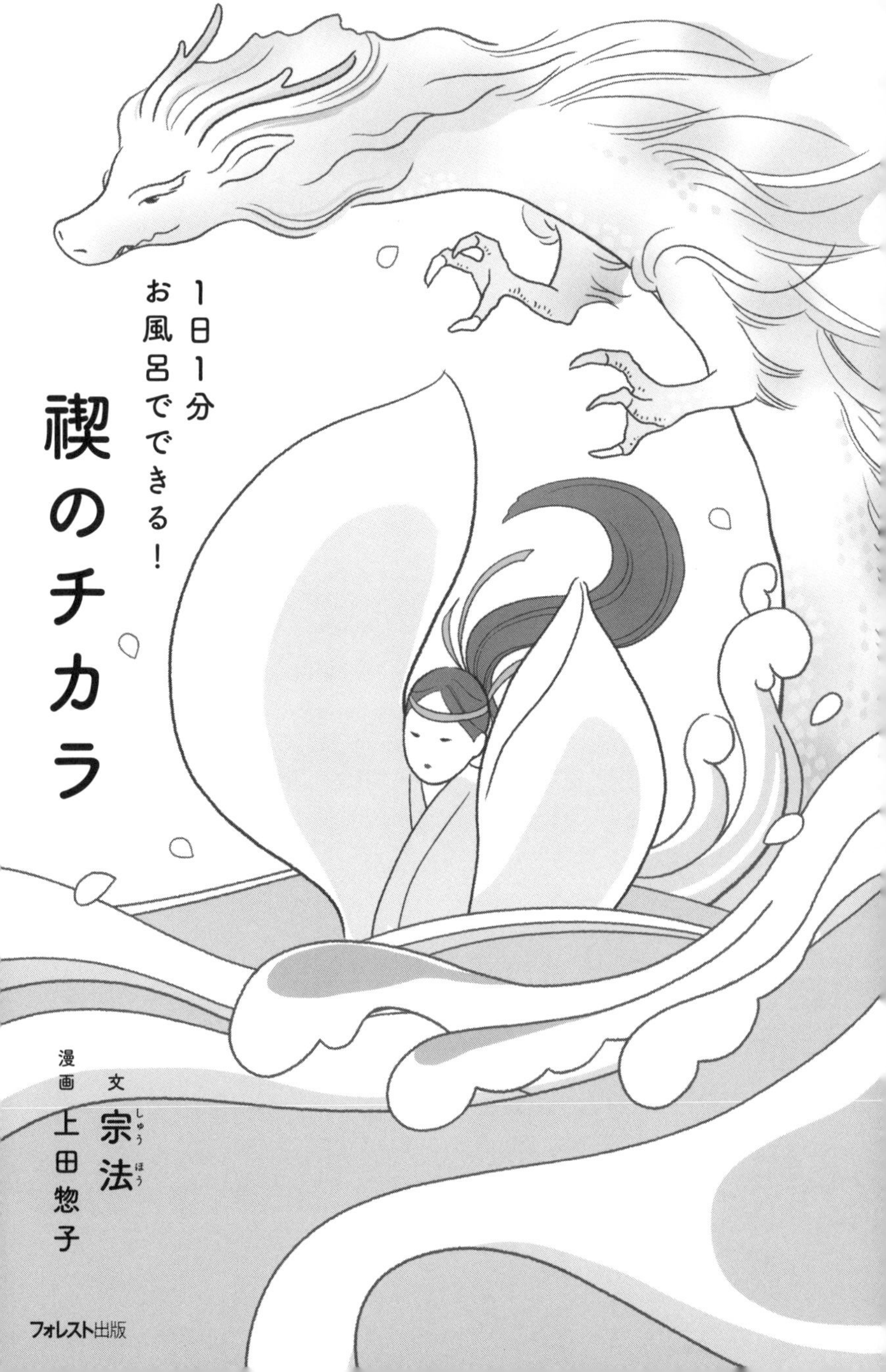

1日1分お風呂でできる!

禊のチカラ

文 宗《しゅう》法《ほう》

漫画 上田惣子

フォレスト出版

はじめに

日常に禊を取り入れるだけで あなたの人生が変わり始めます

はじめまして、禊《みそぎ》導師の宗法《しゅうほう》と申します。本書を手に取っていただきありがとうございます。私は、様々なお悩みを持つ方々に、古来からある「禊」という方法を用いて心身を清めていただき、皆様がより良い未来へと一歩を踏み出すお手伝いをしています。

古事記の神話にも登場する「禊」は、生命の源でもある水の力を借りて、私たちの心や体についたネガティブなエネルギー（罪穢《つみけが》れ）を祓《はら》い、清らかな素の状態に戻す行為です。この禊の清める力を活用し、

仕事が上手く運ばない

将来に不安がある
周りの友人が眩《まぶ》しく、羨ましく感じる
最近、怪我《けが》や悪いことが続いている
家族との仲がしっくりしない
夢はあるが行動できない

などなど、心のモヤモヤやイライラ、「なんとなく生きづらいな」という感覚をスッキリ流し心身共にリセットしましょう、というのが私が行っている禊です。なぜならば、そうしたネガティブなエネルギーを身につけたままでは一向に事態は良くならないばかりか、さらなる不調を招き悪循環に陥ってしまうからです。

よく部屋の片付けでも言われることですが、古いもの、不要なものが溜《た》まっている部屋には新しいものを置くスペースがありません。そのような状態でどんどんものを増やしていけば、部屋は混乱するばかり。ですから、まずは、溜まっているものを処分することから始めなければなりません。不要なものがなくスッキリ整った部屋は居心地もよく、新たなものを取り入れることも容易です。

禊も原理は同じ。自らに溜まったぐちゃぐちゃとした負の感情などネガティブなエネルギーをしっかり水で流す。すると、そこには自然と新しいエネルギーが流れ込みます。禊をしてスッキリした気持ちで日々を過ごすと、自ずと行動や思考がポジティブになり、良い人や良い事との出会いも引き寄せられ、人生が上手く運ぶ好循環ができてきます。これまでに私が禊導師としてお導きした方々の中には、転職に成功したり、起業してカフェをオープンしたり、また新しいパートナーと出会えたり、と人生を上手く転換させることができた人が多くいらっしゃります。禊を活用して自らを調《ととの》え、新たな道に踏み出したのです。

禊になぜそうした力があるのかは追々説明いたしますので、少し私のことをお話ししましょう。私は大学卒業後、40歳になる直前まで全国紙の記者をしていました。家族の病気をきっかけに、友人の紹介でたまたま出会ったのが祈祷《きとう》師、禊導師として、岩手県で活動をしていた師匠の宗延《しゅうえん》でした。初めての禊は岩手と秋田の県境の雪深い山中の川。なかなかに強烈な経験でしたが、その後、すっかり禊の魅力に引き込まれて修行を重ね、導師としてのお免状と宗法という名を頂くまでになりました。かれこれ15年、東京を拠点に禊導師、祈祷師として、禊を必要とされる皆様にご奉仕しています。

師匠から引き継いだ禊は、密教と古神道の要素を合わせたオリジナルの方法を用いて、大自然の清流に身を浸し心身を清めます。現在、定期的に禊を行っている場所は東京・奥多摩の山中。天然のイワナが泳ぎ、ブナの樹々に囲まれた清流です。夏でも水温が低く、初めて川に足をつけた方は皆一様にその冷たさに驚きますが、体が慣れると、滔々《とうとう》と流れる水音、樹々の緑や鳥たちの囀《さえず》りを味わう余裕も出てきます。清めながら大自然のエネルギーも頂けるのが山での禊の醍醐味《だいごみ》です。より多くの方に体験していただきたいとは思うものの、川での禊は立夏から立冬までの期間、月2回のみの実施。山奥まで行かなければならず、運よくご縁のできた方のみが参加する機会を得られるという状況です。

以前より、禊を経験してその効果を実感した皆様から「日ごろ自分で行える禊の方法はないか」「禊に行きたいけれど行けない時はどうすればいいか」と聞かれることがありました。また近年、新しい疫病の蔓延《まんえん》や度重なる自然災害、異常気象、欧州での戦火、と人々が不安を覚えることが増大していく世の中で、禊の効果をもっと多くの人に知ってもらい、実践していただく機会を増やすべきではないかと、私自身も思うようになりました。そこで誰もが日常で禊をする方法として考えてみたのが、本書のテーマである「お風呂で1分お清め法」です。

仕事や家事、子育てなどに忙しく、時間に追われ、自分の中に溜まるネガティブなエネルギーをただやり過ごすしかない。そうした時、いつものバスタイムにほんの少し時間をプラスして、お風呂で自らを祓い清められるようにと考えた方法です。「職場で嫌なことを言われた」「友達の態度についイラッとした」「仕事でミスしてしまった」といった負の感情を持ってしまった日にサッと行いリフレッシュするのも良いですし、1日1回、あるいは1週間に1回など、定期的に禊をすると、気持ちをネガティブからポジティブへと容易に切り替えることができるようになります。

短時間で簡単にできてしまうのですが、しっかりと禊の効果はあります。一足早く家での禊を実践した方々からは、「寝つきが良くなり、良質な睡眠をとれるようになった」「体が軽く感じられ、疲れが取れて気分が晴れやかになった」という報告が寄せられています。さらに1週間以上続けた方々からは、「心がしなやかになり、ネガティブな感情を受け流すことができるようになった」「自分の軸ができて、物事の取捨選択が明確にできた」「自分の進みたかったほうへ一歩踏み出せた」というお話も寄せられています。また、ネガティブなエネルギーをしっかり祓うことで、他者からの妬みや嫉《そね》みといった邪念や霊障を寄せつけにくくなる方もいました。

本書では、禊の歴史やメカニズムと共に家での禊の方法、ネガティブなエネルギーを溜め込まない生き方についてお伝えいたしますが、「理屈はともかくまず実践したい」という方は第4章よりお読み頂いても構いません。スピリチュアルな物事に興味のある方々はもちろんのこと、多くの人々と交流するビジネスパーソンや、組織を率いて物事の決断を下さなければならない経営者や管理職の方々、指導者として人前に立つことが多い方々にも、ぜひこの禊を役立て、ポジティブなエネルギーをより多くの方に波及させて頂けたら幸いです。

また人気イラストレーターの上田惣子さんが、本書の製作にあたり禊を体験し、漫画にしてくださりました。読みやすく、きっと皆様の参考になると思います。

禊導師　宗法

目次

第1章

禊とは何か

第2章

禊は人生を好転させる

第3章

万物の力を頂ける川での禊

第4章 今すぐできる家禊

第5章

禊の後の清らかさを保つ生き方

※本書と著者は、特定の宗教団体と一切関係ございません。
また、本書は、特定の信仰や宗教を薦めるものではございません。

第 1 章

禊とは何か

「禊が良い」と聞いても、そもそも「禊」がどういう意味を持つものか、はっきりとは知らないという方が大半でしょう。日々の暮らしの中でそうそうお目にかかる言葉ではありませんし、不祥事を起こした政治家や有名人が、ほとぼりが冷める頃に平然と復帰して「禊は済んだ」などと言われるので、あまり良いイメージの言葉ではないかもしれません。禊に真摯に取り組んでいる私からするととても迷惑な話です。

そこでまずは、私たちの生活に根付いた禊、歴史の中の禊を紐解いてみたいと思います。

古来より伝わる禊

禊の本来の意味は、水で罪や穢れを落として心身を清らかにすることです。日本では、御神仏に祈願をしたり、神社や仏閣を参詣する前に、川や海に入るなど身を清めることが行われ、また心身の鍛錬にも使われてきました。

その起源は、古事記にある伊邪那岐命《いざなきのみこと》の禊と言われます。死者の住む黄泉《よみ》の国から戻った伊邪那岐命がその穢れを落とすために禊をし、天照大神《あまてらすおおみかみ》、月読命《つくよみのみこと》、須佐之男命《すさのおのみこと》の三貴神をはじめ多くの神々が生まれました。神話ではありますが、古来より禊という概念があったことが分かりますし、穢れを祓って、その後に新しき良きものが生まれるというのは、禊の本質を端的に表しているなと私は思います。

知らずに禊しているかも⁉

禊という言葉は知らずとも、その行為を知らず知らずに目にし、自らも行っている方は多いはずです。例えば、神社に行くとお参りをする本殿の手前に、手水舎《ちょうずや》があります。ここで手を洗い口を漱《すす》ぐことは、清浄を好む神様の御前に進むにあたり、自らを清め、ご神域に穢れを持ち込まないための禊と言われています。神宮（伊勢神宮）に行ったことがある方は、内宮への入り口に川が流れ、橋がかかっていることをご存知でしょう。その五十鈴川《いすずがわ》は、神宮に入る前に禊をして心身を清めるための川で、そこにかかる宇治橋を渡ることで禊になっているとも言われます。このように、ご神域に入る前に川がある神社は少なくありません。また古来より神宮を参拝する前には、近くの二見浦《ふたみがうら》の立石浜《たていしはま》で禊をしてから臨むのが習わしで、現在もそのルートで神宮へ参詣される方も大勢います。

お祭りと禊はセット

真冬の大寒《だいかん》の風物詩として、褌《ふんどし》姿の男性が寒空の下、海や川、神社の潔斎池などに入る様子が報道されることがありますが、これは禊で厄を落とし無病息災を願う行事で、このように、禊とセットになった行事やお祭りは全国に沢山あります。神様に祈願をする時には、まず身を清めてからということを考えれば、その結びつきは当然のことだとも言えます。

二つのお祭りを紹介しましょう。北海道最南端にある木古内町《きこないちょう》の佐女川《さめかわ》神社で受け継がれているのが、その名もズバリの「寒中みそぎ祭り」。町内で選ばれた「行修者《ぎょうしゅうしゃ》」と呼ばれる若い男性4人が、御神体と共に厳寒の津軽海峡に飛び込み、御神体を清めて豊漁豊作などを祈願するお祭りです。テレビのドキュメンタリー番組にもなっているので、ご覧になった方もいるかもしれません。この神事に当たり、行修者の4人は2日前から神社にこもって日に何度も冷水を浴びて自身を清める禊を行います。

私が禊を行っている東京・奥多摩の檜原村《ひのはらむら》にある春日神社には「御《お》とう神事」があります。氏子地域やその縁者から選ばれた「当番」と呼ばれる数人の男性たちが褌姿で真夜中に川に入って身を清めた後、神社の境内で火打石で火を起こし、その火で炊いたご飯を神様に献上し、五穀豊穣、無病息災、天下泰平を祈願します。ユニークなのは、火を起こす際に当番一人ひとりが順に火打ち石を3回打ち、一巡しても火がつかなければ、また川に禊をしに戻るということです。おそらく、火がつかないのはまだ潔斎が足りぬということなのでしょうが、神事が行われる3月1日はまだまだ冬の寒さ。かなり厳しいお祭りですが、清浄を好む神々様に願いを伝えるには、これくらいの献身が必要ということなのだと思います。

余談ではありますが、檜原村も高齢化の波には抗《あらが》えず、年々当番を務めることができる壮年男性が少なくなっていると聞きました。私が同じ川の上流で長年、禊をしていることをご存知の地元のカフェオーナーは「あなたみたいな人がやってくれればお祭りも楽にできるんだろうけど」と冗談半分に言ってくださりましたが、当番は男性のみとのことでお役に立てず残念です。

湯垢離で生き返る！

歌舞伎や浄瑠璃の演目としても名高い「小栗判官《おぐりはんがん》」の伝説をご存知ですか。小栗判官は勇猛果敢で知られる武将。戦に敗れて常陸《ひたち》の国に流れつき、地元の照手《てるて》姫の評判を耳にして、強引に婿入りするものの、姫の父に家来共々毒殺されてしまいます。一度死んだ小栗判官は、閻魔《えんま》大王の裁きにより目が見えず口も利けないという姿で現世に送り返されますが、「熊野の湯に入れば元の姿に戻れる」というお告げを受けた高僧に助けられ、49日間、熊野の湯の峰温泉に浸かり元の姿を取り戻します。そして自分を陥れた人々への復讐を果たし、常陸の国で照手姫と末長く暮らすというお話です。

この小栗判官を蘇生《そせい》させた湯の峰温泉は「日本最古の湯」とも言われる和歌山県・熊野三山にある実在の温泉。2004年には「紀伊山地の霊場と参詣道」の一部として世界遺産にも登録されましたが、もともとは、熊野詣での参詣者や熊野三山の修験者が山に入る前に「湯垢離《ゆごり》」をするための場所でした。湯垢離とは湯水で身を清めること、つまりは禊のことです。よく時代劇で、武士が何か祈願をする時に褌姿で井戸水を何度も頭から被《かぶ》る様子が描かれたり、先に挙げた寒中禊が報道されたりするので、禊は冷水でなければならないというイメージをお持ちの方が多いのですが、お湯でももちろん大丈夫。特に温泉は、大地に蓄えられた熱と水が合わさったエネルギーの高い水ですから、禊の効果も高く、それゆえにまた死者を蘇生させるとも考えられたのでしょう。

併せてお話をしますと、「沐浴《もくよく》」という言葉はご存知でしょうか。広く宗教的な儀式として水で体を清めることを言い、禊もそうですし、キリスト教の洗礼も沐浴の一種。インドのガンジス川で大勢のヒンドゥー教徒が沐浴する光景は有名ですし、イスラム教やユダヤ教でも水で身を清めることが行われます。水を使い清めることは人類共通の考え方なのです。現代の私たちは当たり前のように入浴しますが、これももともとは仏教の沐浴が起源の習慣と言われています。広い意味ではお風呂に入ることも禊と同じと言えますね。

人は生きている限り「罪穢れ」がつくもの

ここまで古来より人々は禊で身を清めてきたということを述べてきましたが、では、何を清めるのかというと、それは心身についた「罪穢《つみけが》れ」を祓い清めるのです。現代人が「ツミ」と聞くと「罪＝法的な犯罪」を思い浮かべて、「いやいや私は犯罪者ではありませんから」と思うかもしれません。また「穢れがある」と言われると、なんだか自分が「汚らしい」と言われたようで気分を害する方もいるかと思います。

もちろん、他人に怪我を負わせたり、人のものを盗んだりといった犯罪も、また何日もお風呂に入らず垢を溜め込んだ不潔な体や、埃《ほこり》だらけの部屋も罪穢れではありますが、禊で清める「罪穢れ」はその意味が広がります。病気や怪我、災害、また悪口や嘘といった人の心を傷つける行為、自らのうちにある怒りや悲しみ、嫉妬、不安、恐れ、執着、後悔などネガティブな心の動きとそこから生じたネガティブな行い、また他者より受けたネガティブな感情や未浄化霊による障りなど、それらを総じて罪穢れとします。また、人間は様々な動物や植物の命を頂いて、自分たちの命を永らえさせています。これもまた罪であるでしょう。そう考えると、罪穢れと無縁である人はまずこの世には存在せず、誰にも禊が必要であると私は思っています。

神道での罪穢れ

神道に「大祓詞《おおはらひのことば》」という祝詞《のりと》があります。新年を迎える12月の大晦日、年の後半を迎える6月の晦日《つごもり》に行われる大祓式で、半年間の罪穢れを祓って次の半年を新たな気持ちで過ごせるようにと奏上されるものです。この大祓詞の典型である平安時代の法典「延喜式」では、神々様に祓っていただきたい罪を「天津罪《あまつつみ》」と「国津罪《くにつつみ》」に分類して羅列しています。

天つ罪と畔放《あはな》ち・溝埋《みぞう》め・樋放《ひはな》ち・頻蒔《しきま》き・串差《くしさ》し・生剥《いきは》ぎ・逆剥《さかは》ぎ・屎戸《くそと》、ここだくの罪を天つ罪と法《の》り別《わ》けて、国つ罪と生膚断《いきはだた》ち・死膚断《しにはだた》ち・白人《しらひと》・こくみ・己《おの》が母犯《おか》す罪・己が子犯す罪・母と子と犯す罪・子と母と犯す罪・畜《けもの》犯す罪・昆虫《はふむし》の災《わざはひ》・高《たか》つ神の災・高つ鳥の災・畜仆《けものたふ》し蠱物為《まじものす》る罪、ここだくの罪出で

出典『祝詞全評釈　延喜式祝詞　中臣寿詞』（青木紀元著／右文書院）

む

……

古語ですのでちょっと難しく、また解釈も色々とあるようですが、「天津罪」は古事記や日本書紀で、須佐之男命が神々が住まう高天原《たかまのはら》で犯した罪で、これらがきっかけとなり天照大神が天岩戸に引きこもってしまったとされます。田んぼの畔《あぜ》をこわしたり、用水路に水が引けないようにしたり、生きた馬の皮を剥いだり、御殿を糞尿で汚したりとかなりの暴れん坊で、全て農耕に関わることを妨げる行為とも言われます。また「国津罪」は人を傷つけたりすることや死体の損壊、病気、近親相姦や獣姦、虫や鳥による災難、落雷、呪詛《じゅそ》といった社会的に許されない行為や病気、天災が挙げられています。人が社会を円滑に運んで行くためにしてはならないこと、また人智を超えてもたらされる災厄全てが罪穢れ。そして、それらは神々様のお力で祓って頂くことができるのです。

ケガレは「気枯れ」

神道や仏教で言われてきた穢れ、つまり不浄とされてきたことには、人の死や出産、月経、病などがあり、これは体が弱り生気が無くなった、つまり気が枯れた状態ゆえに「気枯れ＝ケガレ」という言葉になったと言われます。先にご紹介した、禊の起源とされる伊邪那岐命の禊も、亡くなった妻・伊邪那美命《いざなみのみこと》を黄泉の国へ追いかけてゆき、死の穢れに触れてしまったが故に禊をしたのです。ここで大切なのは、気枯れていても禊をするとその状態はしっかり祓われて無くなり、さらに天照大神ら多くの神々を誕生させることに繋がるということです。

民俗学者の間では、このケガレを「ハレ（晴れ＝儀式や祭りなどの年中行事＝非日常）とケ（褻＝日常）」とを結びつけるものとし、ケガレは気が枯れて日常生活が立ち行かなくなる状態でそれを儀式や祭りで回復させるものという解釈もあります。

「気」は生命のエネルギーですから、ケガレを「気枯れ」と考えると、例えば仕事や子育てに疲れ切ってイライラしてしまったり、何となくやる気が出なかったり、そうした日々の暮らしの中にあるモヤモヤとした邪気も気枯れ＝穢れということになります。つまり、罪穢れは特別なことではなく、私たちが普通に暮らしている中でも自然についてしまうということがお分かりいただけたかと思います。

禊の語源は「身濯ぎ」「身削ぎ」

さて、再び禊に話を戻します。禊の語源を知ると、禊について少し理解しやすくなります。禊という言葉はもともとは「身濯ぎ＝みそそぎ」が縮まったと言われ、他には「身削ぎ」という漢字を当てるという説、「水を注ぐ」から「ミソギ」となったという説もあります。そして、禊で祓おうとしている「罪」は「ツツミ＝包み」が縮まって「ツミ＝罪」となったと言われます。罪とは、私たちの心や魂の中にまで入り込むものではなく、私たちの表面を覆い尽くしてしまうようなものという捉え方なのでしょう。

禊の時、私は参加される方と対面して川に入るのですが、参加者の方の輪郭が、少しずつハッキリと現れてくる感覚をよく持ちます。そして禊が終わるころには、その体がキラキラと輝くように見えます。罪の語源が「包む」であることを知った時、そのことが「なるほど」と腑に落ちました。

人は元来、清らかなもの

人の生命の誕生やその体の仕組みの不思議は「小宇宙」に例えられます。まさしく人の命や魂は、大いなる宇宙から生み出され、さらにその宇宙を作り出した根源からの聖なる力を頂いています。その根源を神様と呼ぶならば、人は皆、神様の子、神様と同一の存在とするのが古神道の考え方です。私たちは皆、本来、清らかで罪も穢れもないのが素の状態。それが、人として生きていくうちに様々な物事によって不浄なものに包まれてしまう。でも、包まれているものだから、水で濯《そそ》いで祓うこともできる。身を包んでいる不浄なものを、水によって削いで、清らかな素の状態に戻すことができるのが禊というわけです。古《いにしえ》の人々はそのような力を自然に感得していたのでしょう。ならば、その方法を我々現代人が使わない手はないと思うのです。

信じられないほど不運の連続

はじめに
はじめまして上田惣子と申します
書籍などにイラストやマンガを描いてます
そしてスピリチュアル大好きです
でも霊感ないです残念!
思い起こせば子供の頃からオカルト好きで
!
ビッ
私は幽霊見た!
今誰かに肩叩かれた!
霊!?
カナブンだよ
この景色みたことある!
予知夢!?
アホ全開の毎日を送ってました
デジャブって言うんだよ

でも年月は人を変えるもので…
いつしか興味は他に外れ
〆切のほうがコワかった
明日朝イチまで待つ
ガタッ
カシャカシャ
キーキー
ドドン
ギー
こんな部屋にも平気で住める腹も心もフトイ女になりました
よく住めるなその部屋
霊感のある友人たち
いわゆる事故物件
とはいえスピリチュアルなものは相変わらず好きで
目に見えないもの何かを感じる力があるということは圧倒的に信じています
そしてそれが自分の人生に何らかの影響を及ぼすことも…
しかも、それは良いことばかりでもないということを…
―そう例えば
バギャ

折れた！
絶対折れた！
指 変な方向に曲がってる！
そして病院に向かう途中
ヒョコヒョコ
向こうから歩いてきたおじさんが
ハッ
突然段差につまずき
衝撃で折れたマイ松葉杖
飛ぶサンダル
私に向かって転がってきたんですよ！
ふっとばされる私っ
ドーン
駅前がちょっとした人だかりに…
わー
おおっ
骨折です
バッキリ折れてる！
歩けるようになるまで1ヶ月くらいかな
弱り目に祟り目！すげー災難！

しかし
1ヶ月経っても
歩ける気配はなく
年末を迎え
なんか
顔、赤いぞ
え？
38.6℃
熱!?
コロナは陰性だったので
インフルだったのかも
夫は無事
10日間
寝込む…
う～～ん
う～～ん
年末だというのに
骨折に
衝突事故に
熱…
ついてないな
本当に
ついてな…
いや…まてよ
これって
あの時の
アレに似てないか？
「あの時のアレ」とは…
今から10年ちょっと前
やたらとケガが
続く時があった
あででで
右足親指の
骨折を皮切りに
バキャッ
コタツで寝ていた
猫をよけただけで
骨折…
？

左足小指骨折
ベッドにぶつけた
左手首骨折
転んだっ
自転車で植え込みに激突
顔にササクレ
極め付けは神様の島と言われている大神島での靭帯損傷
私…何かした？悪いことした？
空港でCAさんに車イスを押してもらう
走っただけでケガした
見かねた「視える」知人が
視にきました
うわっ
老人がてんこ盛りで憑いてる！どこか行った？
夫のおばあさんの老人ホームかな
それだ！
除霊してもらってことなきを得る…
ありがたや
このことはもう思い出さないこと思い出したら喜んでまたやってくるから
覚えててくれたー
ハイ…
アレだ！アレに似てるんだ！
いかん!!
神社にお祓いしてもらいに行こ！
ガバッ

ってことで新年早々
お祓い
ドーン
ドーン
この太鼓の音が厄を飛ばしてくれるような気がします
ドーン
ビリビリ
ビリ
チャンスはピンチ!
ピンチはチャンス!
ははぁ
神主さんにお言葉をいただく
これで不運ともオサラバ
よかったよかった
これから安定した生活ができますように
またねー
ヘイヘイホー
お祓いしてもらったらちょっとホッとしたので新年会を開く
鍋でいいー?
いーよー

激痛
白菜を削ぎ切りしたら
シュッ
指も一緒に削ぎ切りした!
ボタ
ボタ
ボタ
あわわ
お祓い行ったのに!
関係ないからそそっかしいんだよ
相変わらず足の指の骨はくっつかず杖が手放せないし
おお…お迎えが見える…
骨折の痛みで足首や腰まで痛くなってきたし
ヤッホー
前に憑いていた老軍団
仕事もビミョーにうまくいかないしで
これが何回か続いた
今回の仕事ナシでヨロ
Mail
なんでこんなに続くんだろうお祓いしたのに
お祓いが全てじゃないとは言え…
あらー
やる気もなくなりボーッとしてた時
ピコン
禊しませんか
Mail
by 編集者 水原さん
なんだと?

禊の本を作るので
体験取材いかがですか？
えええ！
禊って
あの禊ですか！
オォオォオォ
霞を食べて
生きる
これにて
ドロン
禊のイメージ
違います
やります！
やります！
やらせて
ください
禊は川でするんですよ
禊と滝行の
区別もつかない
けど
これも何かの
縁かもしれない
じゃない！
私、太っちゃったん
ですけど
大丈夫ですか？
お腹なんて
牛みたいに
なってんですけど
こういうの
着るん
ですよね
テレるー
関係ありません
それは
海女さん
何がどうなのかも
よくわからないけど
お誘い
感謝！
とにかく禊げ！
ドキ
ドキ

川禊を体験して……

これまでに川での禊に参加をした方々が体験談を寄せてくださりましたのでご紹介します。

夢に向かって行動できなかった自分。禊でリセットしてついに店を持つことができた

Y・Iさん　40代　男性　飲食店経営

私は、独立して自分でお店を出すという目標があり、それに向けて準備をしていました。そんな時、禊を経験した親戚から「ご祈祷を受けて全てをリセットしたら？」と宗法さんを紹介され、禊のことを知り参加するようになりました。

初めての禊は真冬。禊場は静かで、川の流れる音だけが響き、神聖そのものといった雰囲気でした。しかし、凍えるような寒さで、川に入っている時はあまりの水の冷たさに、足の感覚が全く無くなるほどでした。耐えるのに必死で何も考えられない状況でしたが、済んでみると、禊をやり遂げた達成感があり、精神的にも鍛えられる感じがしました。その後1年間、禊に行ける時はなるべく参加しました。自分自身を見つめ直すことができ、人間関係もリセットでき、精神力も鍛えられ、考え方が前向きになった気がします。それまでは頭で考えていても行動に移せなかったのですが、行動に移せるようになったのも大きな変化でした。念願の店をオープンすることができ、今もお店を続けられています。あの時、禊で一度、人生をリセットできたお陰だと思っています。

人生のターニングポイントに初めての川禊。以来1年に1回、不要なものを流してリセット

M・Nさん　50代　女性　会社役員

宗法さんのことは、禊導師になられる前から存じており、20年来のお付き合いです。お互いに様々な話をしたり、時には相談もしたりしてきて、ごく自然な流れで禊を知り興味を持ちました。基本的に私は自分の直感を大切にして人生を生きてきました。その直感とは、自分自身に決意が降りてくるような感覚です。こうした直感をより良く迎え入れられるように、自分自身をできるだけピュアに、研ぎ澄ませておきたいと思っていました。加えて当時、仕事や生活の拠点、自分のあり方など、様々な面でターニングポイントにありましたので、禊に参加することにしました。

禊をやってみると、自分自身の内部、心が整う感覚がありました。自分自身につきまとってくる余計なものが流されていったと信じられる感覚がありました。以来、1年に1回程度参加しています。全て禊のお陰と言い切るのは難しいですが、現実

面にも影響を及ぼしていると思います。特に、生かされていることへの感謝の気持ち、吾唯知足（われただ足るを知る）と言いますか、自分自身に不必要な欲や迷いを捨てる意識を持てるようになったと思います。

禊導師の祈り

第2章

禊は人生を好転させる

禊で「調う」

最近はサウナブームとかで、サウナと冷水に浸かることを繰り返して味わえる感覚を「整う」と表現するそうですが、禊もある種の「整う」感覚が味わえます。ただし、禊の場合は、自分自身のエネルギーが万物のエネルギーと調和するという感覚もあるので、「調《ととの》う」という字のほうがふさわしいかなとも感じています。

禊を初めて経験した方も、また繰り返し行っている方も、皆が禊後に一様に口にするのが「スッキリした」という言葉です。体の中が空っぽになり、ニュートラルな状態が体感できます。今から16年前の1月、岩手の雪山で初めて禊をした日、東京への帰りの新幹線で私はそれまでに体験したことのない「空っぽになる感覚」を味わいました。大変な寒さと雪の中での禊でしたので、体はヘトヘトに疲れていたのですが、ぐちゃぐちゃとした思考のカケラのようなものが頭の中から一切なくなり、心は軽く、気力が透明な泉のように静かに湧いてくる感じ。翌日も多忙で嫌になっていた仕事のストレスは一切感じず、「禊って不思議だな」と思いました。

この「空っぽになる感覚」は、1章でご紹介したモヤモヤ、イライラなどの罪穢れを祓って心身が清らかになったから得られるもので、そうなると、あらゆる物事をクリアに捉えられるようになります。素の状態に戻ると素直にあらゆる物事を受け止められるので、肩の力が抜けてとても楽に自分らしく生きていける。すると人生に自ずと良い流れが生まれてきます。よく師匠の宗延が「禊を続けていると子どもみたいになるんだ」と話していましたが、それはつまり素直になるということなのです。

ネガティブな感情に支配されている（包まれている）と、己が見えなくなり、物事を歪《ゆが》んだフィルターを通して見ることになります。例えば、同僚が遅れている自分の仕事を好意で手伝ってくれたとして、猜疑《さいぎ》心が強くなっていると「きっと私が仕事ができないと思っているんだ」「人に手伝ってもらうようでは私はダメだ」とイライラして僻《ひが》んだり、落ち込んだりしてしまう。そうなると素直に感謝もできず、同僚との関係性も悪くなり、どんどんネガティブなことが増えていく。悪循環です。

「素直になる」と、ネガティブなフィルターが無くなりますから物事をそのまま受け止め、本質を見極められるようになります。物事を一つの箱のような形であると想像してみてください。曇りのある不透明なフィルターを通していると、その箱の立体感が分からず一面だけしか見えません。襖をして邪気を祓って見ると、その箱の姿をしっかり俯瞰《ふかん》して、あらゆる角度から捉えられます。これは襖に来た人の実際の例ですが、仕事に厳しい上司の下で働くのが嫌で「自分にこの仕事は合わない」と投げ出す寸前だったのが、実は自分の将来に必要な有り難い学びであると気づいて踏ん張り、長年の夢を叶《かな》えられたということもありました。

物事をクリアに立体的に捉えられると、自然と「感謝」ができるようになります。もちろん暴力や虐待など人の尊厳を奪う全く感謝できないことからはすぐに逃げ出さなければなりませんが、それは別として大抵のことには、ポジティブな面もネガティブな面もあります。そのポジティブなほうに焦点を当てると「感謝」の気持ちは自然に湧いてくるものです。そして感謝という良いエネルギーが良い流れを作ることに繋がります。自然と感謝をしてしまうのが素の状態。そういう素直な自分に戻してくれるのが禊なのです。

禊を繰り返すと本来の自分が立ち現れる

よく「オーラがくすむ」「オーラが輝く」などと聞くことがあります。私はその専門家ではありませんから詳しくは説明できないものの、禊をしているとその感覚が分かる気がします。第1章でも少し述べましたが、禊の参加者を見ていると、特に初めての方は、禊が終わると輪郭がはっきりして見えます。おそらく、身の回りを包んでいたくすみのようなもの、罪穢れが祓われるからでしょう。そして、その表情もとても生き生きとしたものに変わります。禊をする前は「くすんでいる」とまでは思わないのですが、終わったあとは明らかに輪郭がはっきりするのです。それを「オーラがきれいになった」「オーラがクリアになった」と捉える人もいるのだなと思います。

繰り返し禊に参加していると、今度は「存在感」が出てきます。川に入った姿、その佇《たたず》まいが、まだ日の浅い参加者とは明らかに違ってくるのです。川の中は流れもありますし、底も砂利や岩で決して足場が安定しているとは言えません。それにもかかわらず、体に無理な力が入らず、過剰に気を張ることもなく、ただ、そこにスッと「存在している」状態になります。軸がしっかりとしていて、何事が起きても揺るがないような安定感もあります。これは非常に興味深い現象で、これこそが、その人がその人らしく、素直に自然な姿でいるということなのかなと、いつも頼もしくその姿に見惚《みと》れています。

禊は人生を変えてくれます

師匠の宗延は月に3度（毎月1日、11日、21日）の禊を欠かさずに行っていました。

私も同様に「10年間は絶対に月3回の禊を途切れさせずに行う」と決め、宗延の死後も東京で川禊を続けたのです。そのうち友人や知人で禊に興味を持つ方が出てきて、「それならばご一緒しましょう」というところから、今のような禊の会が始まりました。離婚や家族の問題を抱えている方もいますし、転職や起業をしたいという夢を持っている方、亡くなったご家族の供養のためにと参加する方も多いですし、婚活や妊活をしている方もいます。職業でいうと、弁護士、大手証券会社勤務、経営コンサルタント、財団法人理事、飲食店の経営者、大手出版社の編集者、サロン経営者、薬剤師、鍼灸《しんきゅう》師などなど、実に様々です。禊を活用して人生を好転させた方々の例をご紹介しましょう（個人が特定できないように複数の方のお話を混ぜてエピソードを作っています）。

東京の40代のMさんは、スピリチュアル系のグッズを扱う会社に勤める、非常に繊細で様々な物事の影響を受けやすい女性。純粋で人が好《よ》く、また仕事もできるため、ワンマンの社長に都合よく利用され振り回される日々に疲弊していました。禊に通い、祈禱もした結果、自己がしっかり確立され、余りにも多忙な会社を辞めることをついに決意。社長に伝えると「あなた最近、なんだかエネルギーが変わっちゃったわね。うちの会社にはもう必要ないわ」という捨て台詞を吐かれたそうです。自我が出てきたMさんを利用できなくなってしまったのが、よほど悔しかったのでしょう。禊をすることによって、本来の自分が現れたMさんは、今は自らヒーリングサロンを運営して活躍しています。

友人の紹介で禊にいらした40代の夫妻は夫が不動産会社経営、妻は弁護士というパワーカップル。不動産売買は人の恨みがつきまとう土地を扱い、弁護士は事件や事故、また民事訴訟などありとあらゆるトラブルを扱います。どちらも人のネガティブな思いが絡むことを仕事にしているため、「厄落としのつもりで」1年に1度は必ず禊に来ています。お二人ともスピリチュアルなことにはほとんど興味がないのですが、毎回禊が終わると「なんだか、背中についていたものがごそっと落ちる感じがする」「体が軽くなる」というのです。普段からセンシティブでない人でも、禊の効果はしっかりと体感できるのです。

禊をきっかけに夢を叶えた人も多くいます。30代の男性は、カフェを経営する夢があり、その力をつけるために様々な飲食店で働き経験を積んでいましたが、腐れ縁で続いている恋人の反対もあり、いまひとつ踏み出せずにいました。家族の紹介で禊を繰り返すうちに自然と「彼女と縁を切り、夢に向かって歩もう」と心が決まったと言います。その後、都内にカフェをオープンし、コロナ禍も乗り越えて頑張っています。

転職をしようと、真冬を挟んで10回連続で禊参加した強者もいます（その頃は通年で禊を行っていました）。彼女は、連続禊を始めてすぐに理想的な求人を見つけ、希望通りその旅行会社に勤めることになりました。そしてその2年後には、憧れの国に移住することも叶えたのです。また、結婚してから何年間も子どもができず諦めかけていた20代後半の女性は、禊と御祈祷を初めて二月《ふたつき》半ほどで「妊娠しました」と報告してくれました。もちろん妊婦が体を冷やすのは厳禁ですから、その後は禊は禁止。

無事にお子さんが産まれて、1年ほどしてから御礼参りならぬ、御礼禊にいらっしゃいました。

人の上に立つ人こそ禊を

ビジネスパーソン、特に組織を率いる立場の人、また人前に立つことが多い人、人の体に触れる人、こういう人こそ、ぜひ禊をしてほしいと思います。先ほどご紹介したパワーカップルの体験談でも述べましたが、こうした立場の人は他者から受けるネガティブなエネルギーが多く、邪気が健康を害することにも繋がります。人気稼業の芸能人や政治家は人前に出てネガティブなエネルギーに曝《さら》されても、それをポジティブに変えられる強さをもともと持っている人が多いですし、何らかの対策を行っている人も多いようですが、普通の人はそういきません。

会社で役職がついて人の上に立つことになると、それが叶わない人から妬みや僻みといった邪気を必ず受けます。仕事内容、勤務形態や待遇に関する不満、さらに人間関係まで、職場で皆が抱くネガティブな感情は役職者に向けられることが非常に多く、現実的な仕事に関わる責任だけでなく、そうした邪気まで背負わされるのが組織の長でもあります。どんどん禊して祓っていかないと、健康にも障りますし、邪気により自身の本来のパフォーマンスが発揮できなければ、仕事の成果にも差し支えることになるのです。何よりも禊をしてピカピカのオーラで明快な思考を持っている人が上に立っていたら、その職場自体もまた良いエネルギーに包まれて雰囲気も良くなるはずです。

最近では、インターネット上で動画やライブ配信を積極的に行う人も多いですが、そうした方もご注意を。必ずしも全ての視聴者が好意的に見てくれている訳ではないことを頭に置き、身に受けたネガティブなエネルギーを禊で祓っていただけたらと思います。

禊は「御神仏との約束の場」

　ここまでに何度か話題にした私の禊の師匠・宗延は、晩年は岩手県一関市で活動していました。全国から、時には海外からも老若男女問わず相談者がやってきて、本当に多くの人に慕われていましたが、東日本大震災の2年前、私が出会ってから僅か2年で亡くなってしまいましたが、「次の導師は女性になるから」と予知し、出会う以前から様々な修行の方法を考え、準備を進めてくれていました。そのため、私は師匠の亡き後も生前に受けた十分過ぎるほどの教えを元に自行《じぎょう》に邁進《まいしん》できたのです。

　宗延は「禊は神様や仏様と約束すること」と話すことがありました。「禊」という漢字は「示す」偏に「契る」と書きます。「示す」偏は神様や祭祀《さいし》、また祖先神の意味があり、「契」は約束すること。「だから禊は神様や御先祖様と約束する場だ」という独自の解釈です。禊にいらっしゃる人の中には、先にご紹介したカフェオーナーの男性のように、なかなか人生を変える決心がつかずにいる人も多くいます。また、「スピリチュアルなこと」に逃避をして、現実的に行動ができない、自律できていない人も沢山います。師匠はよく「神様も御先祖様も信じないなら、自分自身でもいい。この禊をきっかけに私は変わるんだと約束しなさい」と説いていました。

私もそういうアドバイスが必要な人には、何のために禊をするのか、その決意をしっかり意識してもらうために「禊は約束の場」だと説明しています。「ネガティブなものを祓い清めて……」云々という理屈よりも、こちらのほうがスッと心に響く人も多いのです。仏教でいうところの方便ですが、禊をしていただき、その人の人生がより良きものとなることが一番大事。禊が心の鍛錬となり、自ら行動するためのスイッチにもなり得るのです。

「スピリチュアル」でない人はいない

「スピリチュアル」というと、怪しげで胡散《うさん》臭いイメージがつきまといます。目に見えないことですし、科学的にエビデンスを示せる訳ではありません。カタカナでフワッとしたイメージなのも良くないのでしょう（「霊性」という日本語に訳してもはっきりと意味を捉えられる言葉ではありませんが）。私自身、禊に出会うまでは星占いに興味がある程度で、遠目に「うーん、少し危ない世界かな」と眺めている感じでした。ただ、今はこの世にスピリチュアルでない人はいないと考えています。そもそも、人としてこの世に生まれ、今まさに生きて存在していること自体がとても神秘的なことです。膨大な数の御先祖様方に命を繋いでいただいた結果として、今、自分がここに生まれた偶然に素直に感謝したいと思います。

禊に来られる方によく御先祖様の話をするのですが、御先祖様を「怖いもの」「恐ろしいもの」と思っている方が時々います。同様に神様も仏様も、呪われたり、祟《たた》られたり、罰を与えられたりする存在として認識しているのです。そうした方は御神仏や御先祖様を自分の外側にあるものとして捉えています。先に述べましたが、古神道では人は神様の「分《わ》け御霊《みたま》」として命を授かると考えられていますし、何よりも御先祖様は、その方たちが命を繋がなければ自分はここに生まれていませんでした。そう考えると、神様も仏様も皆、自分の内なる存在なのです。ですから、自分を清らかな状態にして良きエネルギーで満たすことは、己を大切にするだけでなく、御神仏のため、御先祖様方のためにもなるのです。ひいては禊は生命の根源でもある宇宙のためとも言えるかもしれません。少し大袈裟《おおげさ》ですが、私はそれぐらいの大きな志で皆様に禊に臨んでいただけたらと思っています。

川禊を体験して……

言い訳ばかりで挑戦も努力もできなかった私が10回連続の禊を機に、憧れの海外移住

M・Sさん　40代　女性　総合商社勤務

30代後半、独身、実家暮らし。仕事もあり、職場環境にも友人にも恵まれ楽しく過ごしていた30代でしたが、40歳が見えてきたころから「この先も同じように生きていくのだろうか」「このままでいいのだろうか」という、不安のような、自分自身に問いかけるような思いが、少しずつ芽生えるようになってきました。

そんな思いを心の奥にしまったまま迎えた40歳。たまたま旅行で訪れたある国に、今まで感じたことがない居心地の良さと親しみを感じ、その旅が私の人生を大きく

変えるきっかけとなりました。誰か特別な人に出会ったとかではなく、その国そのものが大きな出会いでした。

帰国してからいつもの日常に戻るわけですが、時間が経てば旅行気分は抜けるのに、今回ばかりはその国への思いがどんどん膨らみ、自分でも何がしたいのか、どうしたらいいのか分からず、悶々《もんもん》とした日々が続いていました。そんな時、ふと宗法さんが東京の奥多摩で禊をしていることを思い出し連絡を取りました。私は30代前半に、友人からの紹介で宗法さんの師匠である宗延さんのご指導のもと、岩手県で何回か禊をした経験がありました。今回も、禊をしたらこのモヤモヤがすっきりするかもと思い、何年かぶりに禊をすることになりました。

禊を終えると、宗法さんから私自身が大きな転換期にあることを告げられ、この転換期を乗り越えるために10回連続の禊に挑戦してみないかと提案がありました。当時の宗法さんは、毎月「1」のつく日に禊の会を開催されていましたので、1日、11日、21日と、1か月に3回禊がありました。10回連続となると3か月間ちょっと禊をすることになりますが、禊の日が平日に当たると仕事を休まなくてはならないので、初めは断ろうと思いました。宗法さんも難しいことは承知の上で、「このままでいいのだろうか」と思い悩んでいた転換期の私に、挑戦することの大切さを、禊という形で提案してくれたのでしょう。今となっては理解できますが、当時は思いも寄らぬ提案に困惑をしたのを覚えています。

それまでの私は、大きな挑戦も努力もせず、淡々とした人生を過ごしていましたので、10回連続の禊チャンレジは、最初は難しく感じましたが、不思議と日を追うごとに「やれるところまでやってみよう」と考えが改まり、挑戦することを決意しました。40歳という節目だったことも後押ししたのかもしれません。

それから10日に1度、禊をすることになりました。回を重ねるほど、自分がこの先何をすべきかということが徐々に浮き上がってきました。当時の私は、何かをしたいと思っても、できないことの言い訳を先に考えてしまい、結局何もしないまま終わってしまうのが常でした。10回連続の禊も、平日に仕事を休むのは難しいという言い訳が真っ先に頭に浮かびましたが、「休むためどうやりくりすべきか」と考え方が変わり、無事に全ての禊を終えることができました。10回の禊を終えると、あの忘れられない国へ「移住」するための行動を自然に始めていました。移住をするには、現地で仕事を見つけなくてはなりません。ずっと同じ会社に勤めていたため、他の業界は未経験でしたが、ダメ元で履歴書を送り、その国への移住のチャンスを掴むことができました。40歳まで実家で悠々自適に暮らしていた生活から一変、知り合いもいない海外に一人で移住するという大きな挑戦ができたのも、あの10回連続の禊を達成できたからだと思います。

師匠の宗延は岩手県一関市で禊を行っていた

第 3 章

万物の力を頂ける川での禊

禊場の条件

禊は、生命の源でもある水の聖なる力をお借りして行いますが、川や海といった自然の中で行う時は、とりわけその清めの力が大きいと感じます。自然を作り出した地球は、宇宙の営みの中にある星ですから、大いなる宇宙の力をお借りてしていると言っても良いでしょう。自然のエネルギーを頂いていることを実感しながら禊をできる、これが川や海で行う禊の醍醐味かと思います。

師匠の宗延から禊をするのに相応《ふさわ》しい川として教えられた条件は、上流にダムがなく、天然のイワナやヤマメなどの魚が住める清流であること。導師の修行を始めてすぐに「関東で禊ができる場所を探しておくように」と言われ、地図を睨みながらいくつも候補地を挙げて実際に足を運び、たどり着いたのが今の奥多摩・檜原村の禊場でした。文句なしの清流に加え、近くに日帰り温泉施設があるのも決め手でした。

冷えた体をすぐに温められるよう温泉など入浴施設が近くにあることも、自然界で禊をする上ではとても大切。特に真冬の山中の禊は寒さで手や足の感覚も無くなるほどで、低体温症になれば命の危険にも繋がるからです。冬の禊の後はお風呂に入りシャワーをかけるとお湯を「痛い」と感じます。しばらくぬるめのシャワーで徐々に体を「解凍」してから湯船に浸かりますが、大勢で禊をして温泉施設に駆け込んだ時は、浴場から「わーっ痛い」という悲鳴がそこここから聞こえ、周りの方に驚かれるということも。とは言え、皆、禊を果たした達成感でいっぱいでまさに嬉しい悲鳴でもあるのです。

「場」を作る

川で私が行っている禊がどのようなものかを簡単にご説明しましょう。まずは、禊をするための「場」を作ることから始めます。禊場だと言っても、そこは普通の川です。上流のため訪れる人はそれほど多くはありませんが、釣り人や景色を楽しみに観光客が訪れることもあります。そこを「禊の場にする」ことが導師の仕事です。詳細は申せませんが、土地や川を司《つかさど》る御神仏にお伺いを立てて許可を頂き、禊に集った皆様が無事に良き禊を果たせますよう、御加護を頂けますようお願いをいたします。禊の時、私は導師として白衣を着用し、参加者には水着の上に白衣代わりの白いTシャツを着てもらっています。師匠の宗延は形は二の次という方針で「禊は裸が一番いい」ともよく話していました。夜に独り山中で禊をすることもあり、その時は全裸だとか。大自然の中で裸というのは、確かに気持ち良さそうです。

水温は季節、天候によって変わりますが、夏でも最初に足を浸けた時は誰もが「わっ!」と驚く冷たさです。足首、膝下、腰までと徐々に体を慣らして最終的にお臍《へそ》の辺りまで浸かります。流れもありますので、呼吸法を使って上半身の力を抜き、丹田(臍下三寸=臍から指4本分ほど下にある体の要所)を意識して、しっかりと立てるように体のバランスを整えます。水の冷たさと緊張感で、呼吸が浅くなり肩に力が入る人が多いので、この準備運動ならぬ準備呼吸はとても大切。特にしっかりと息を吐くことを意識するようにと伝えています。台風で大雨が降った後など、水量が多かったり、流れが速かったりする時は無理はせず、日延べするようにしています。自然の状況に逆らわずに行うことは川や海での禊の絶対の条件と思っています。

禊場は賑やか⁉

川に入ってからは、参加者は手で印を結び真言（マントラ）を唱え続けます。作法の詳細は控えますが、その間、私は祝詞を上げ、お経を読誦《どくじゅ》して参加者の皆様の罪穢れがしっかりと祓えるようにし、御神仏、御先祖様方の御加護を受け、より良き人生に導かれますように御祈祷をします。皆が息を合わせてマントラを唱えると、その声が瀬音と共鳴し、皆のエネルギーと自然のエネルギーも共鳴し、禊場がどんどん清浄になり、さらに天と地、彼岸と此岸、万物のエネルギーが調和した場になるように感じます。すっぽりとドーム状の透明な球体に覆われ、守られているように感じることもあり、禊の奥深さを実感します。

御祈祷の際には、まず成仏できずにこの世で迷っている御霊様《みたまさま》が一日も早く成仏なさりますようにという祈りを捧《ささ》げます。というのは、禊の場がお清めと祈りの場であることを知った御霊様方がどこからともなく集まってくるからで、私はそうした方々へのお供物も川辺に用意しています。師匠の宗延は、禊に向かう道中あちらこちらに成仏したい御霊様が沢山いらして、そういう御霊様を引き連れて川に行き、清めて成仏していただくのだと話していました。成仏が叶った方々が後に、禊を守護してくださるようにもなるのだそうです。

加えて、私は先の太平洋戦争で犠牲となられた方々、東日本大震災をはじめ大規模な自然災害で亡くなった方々など、大きな力で生きる自由を奪われた方々の御魂が安らかでありますようにご冥福を祈ります。この死者への祈りを皆で行うことはとても大切です。もちろん徳を積んで御加護を賜るためということもありますが、全ての命は時を経て繋がっていることを体感していただきたいからです。

禊場には、参加する方の御先祖様方や、亡くなったご両親、伴侶、早逝されたお子様、友人といった近しい方々もいらっしゃります。これはかなりの高確率で参加者と共に禊に参加しているという感じです。禊の常連で今はサポーターとしてお手伝いしてくださっている自営業のMさんの側《そば》では、亡くなった御夫君がいつもニコニコ笑いながらその仕事ぶりを見守っています。また編集者のKさんには、10年前に病気で亡くなった息子さんが必ず寄り添っています。もちろん師匠の宗延もよく来て、私にダメ出しをしますので、禊の間は気が抜けません。こうした感じで、禊は目に見えるもの、見えないものが集い、なかなか賑《にぎ》やかな場でもあるのです。

東日本大震災被災者への祈り

東日本大震災が起きた2011年3月11日は禊の日でした。今と同じ禊場で、その日は夫にサポーターをしてもらいひとりの禊。帰りの山を降りるバスの中で地震発生の時刻を迎えましたが、奥多摩ではほとんど揺れを感じず、JRの駅で電車が全面的に止まっていると知り、事態の深刻さを認識しました。都心部にある自宅に向けてとにかく歩き、午後10時近くになって運よく捕まったタクシーで日付が変わる頃に帰宅。被害の全容は不明なものの多くの死者がいることは明確でしたから、共に導師の修行をした仲間と2人で10日間、真夜中に毎日2時間ほど自宅で真言を唱え続け、犠牲となった方々が成仏できるようお祈りをしました。

その10日間は、何処からともなく読経の声が聞こえてきたり、光の道のようなものが見えたり、ポコッポコッと水中から魂が上がっていくような音を聞いたり、様々な不思議な感覚を味わいましたが、世界中の人々がそれぞれの方法で被災者、被災地のために祈っているということ、その祈りが輪のように繋がっているということが分かる貴重な経験をしました。人智の及ばないことに対して人は祈り、またその祈りにより救われるということを身をもって学びました。

震災発生から10日後の21日も川でひとりの禊。世の中で様々な動きがある時は、なぜか雨が降ったり、気温が急に低くなったり、突風が吹いたりと厳しい禊になることが多く、この日も当然そうなるだろうと覚悟をして山に向かいました。ところが、予想に反して、禊場は慈雨と呼びたいような柔らかな雨と川霧に包まれ、まだまだ凍える水温でありながら、温かさを感じながら禊をしたことを覚えています。そして発生から四十九日を終えた5月1日の禊では、読経の最中に川下から川上に向かい、まるで川に沿うように水平方向の強い風がヒューッと駆け抜けて、多くの御霊様たちが運ばれていくのが分かりました。視覚で捉えられる方によると「一反木綿のような白い長いものに沢山の魂が乗りシュルシュルと駆け抜けていった」そうです。

東日本大震災の被災者と被災地への祈りをきっかけに、禊という場は、清めと祈りによって、神様も仏様も人間も、あの世もこの世も、過去も未来も全てが交差する場になるという確信を私は持つことができました。導師の私は、皆様のお力によりその「場」を作る役割を担わせていただいているのだと、改めて御神仏のため、禊に集う方々のために精進を続けようと決意したのです。

スッキリ感を体得する

禊の最後は頭まで水に浸かります。希望する人のみですが、頭まで浸かるとさらに清々《すがすが》しい気持ちになりますので、一瞬でも良いのでできる限り潜ることをお勧めしています。禊で水に入っている時間は足を浸けてから大体30分弱。川辺に上がり、着替えをしている参加者の皆様はとても明るく、達成感と心身のスッキリ感が側《はた》から見てもよく分かります。

禊の効果はしばらくは続きますが、日常に戻ると次第にまたネガティブなものがついてきます。人は罪穢れからなかなか逃れられないと先に述べました。特にネガティブな思考の癖はなかなか無くせません。ですから、禊をぜひ習慣化して、ネガティブなものを寄せつけない、自ら作り出さない体質を作ってほしいのです。

よく私は、禊を終えたばかりの人に「今のスッキリした感覚を覚えておいて」と話します。清らかな自分の素の状態を体得できれば、ネガティブな状態になった時に自力で戻すことが可能だからです。また、霊障がある方も禊を繰り返すと「この人にくっついても意味がないな」とあちらが思ってくれるようになります。邪気は邪気を引き寄せるので、いつでもピカピカでクリアな状態でいれば、自然にネガティブなものを寄せつけなくなるのです。

「決心」すると変化が始まる

川で行っている私の禊には様々な方がそれぞれの思いで参加されます。1年に1度、神社に行きお祓いを受けるのと同じ感覚でいらっしゃる方もいれば、自分の夢を叶えたい、転職など重大な決断をするきっかけにしたい、また亡くなられた方の御供養をしたいという方もいらっしゃります。初めて参加する場合は、事前に私と対面またはオンラインでセッションを行い、その思いを伺い、禊について説明し、どうしたらその課題を解決する道を作れるかを共に話し合います。

なぜそうしたことを行っているかというと、せっかく貴重な時間を使い山奥まで足を運ぶのですから、しっかりと禊を人生に役立てていただきたいと思うからです。「禊しました、スッキリしました、良かった良かった」だけでも構わないですが、先に述べましたように、禊の場は万物のエネルギーが凝縮された場です。ぜひ意志を持って臨んでそのエネルギーを役立てていただきたいのです。不思議なことに「禊をやります！」と決心した時点で、まだ何もしていないのに物事が動き始める方が大勢います。意志はエネルギー。一定方向に意識を向ければ、そこに向かってエネルギーが流れ始めます。そして、その意志に基づいて行動をすれば、エネルギーがさらに動き、物事に変化が始まります。

実際に禊場に来るまでに、参加者の方の心中では様々な心の動きがあります。禊をするきっかけとなった悩みなどに加えて、「何が起こるだろう」「水は冷たいかしら」「他にはどんな人がいるのかな」「最後までできるかな」など緊張して前夜寝付けなかったという人もいます。ただ、実際に冷たい川に足を浸けると、そんな思考のゴチャゴチャは吹き飛んでしまいます。禊の間は四の五の考えず大自然に身を委ね、水の冷たさ、流れに揺らぐ体、風の爽やかさ、木漏れ日の美しさ、鳥の声、そうした「今この瞬間」の感覚を味わいながら、真言を一心に唱えているだけで十分なのです。常連の方になると、最後にご自身の決意表明をしてから潜ったり、願い事を心の中で唱えながら潜ったりしているようで、私がそうしろと言っているわけではないのですが、それぞれに禊の活用法を体得されていて素晴らしいなと思っています。

無理は禁物

本書をお読みになり「自分も川や海で禊をやってみたい」と思った人もいるかもしれません。禊は古来から国や宗教の別を問わず人々が行ってきたことですので、ある意味では自然な欲求かと思います。

ただし、これはレジャーでも同じですが、海や川での修行は危険も伴うことを忘れずに。立ち入りが禁止されている場所や天候が悪い日に行うのは論外です。師匠もそうでしたが、私が禊をする時は、川に入らずに禊を見守ってくださるサポーターに必ず同行してもらっています。私ひとりで川に入る時ももちろんですし、参加者が多いときはサポーターの人数も増やします。万が一に備えてライフジャケットやロープの用意をし、念には念を入れて用心をしています。

もし可能ならば、禊行法を教えてくださる神社や修行者の会もあるようですので、そうしたところで経験をすることから始めるのがお勧めです。自己流は、時に思わぬ事故を招くだけでなく、霊的に悪いものを引き寄せることもあります。邪気や邪念を祓うはずが逆効果となっては元も子もありませんので、ぜひ慎重に取り組んでください。

川禊で「無」になる

川禊に行ってきました！
6月21日 夏至の日に 川禊、決行！
川禊を妄想してみる
散れ 散れ
へっへっ
これで私の悪運も無事終了 …と期待でいっぱい
…と思っていたら 禊直前の6月19日
グシャッ
小指にスマホ直撃！
これ骨折だよ～
ワハハハハ スマホ落として骨折ってさー
医者
えーー
川に入るってなんで
教えないよっ
こんなギリギリにまたしても骨折！
禊行きを邪魔されてるとしか思えない
ムリしちゃダメだよ～
クソー
ネタになりますよ
禊 行くか行かないか！

行くでしょ!
水が冷たくて怖いんですよ〜
そ…そんなに…
BUS
武蔵五日市からバスで1時間ほど行った渓谷で禊は行われます
初めまして
禊の経験者のみなさま
この日のメンバーは私含めて5人
そして、導いてくださるのは宗法・禊導師
サポートをしてくださるMさん
よろしくね
水が冷たいけど頑張ってくださいね
ハイ
禊のスケジュールは
1・日帰り温泉で着替え
2・川まで移動して禊
3・温泉で体を温め
4・昼ごはんを食べて解散
という流れです
温泉たのしみー
ーいざ、禊場へ
サラ
サラ
水キレーー
ですよねー

ここで禊ウエアを紹介しておこう
柄のあるものはNG
麻ひもを頭に巻く
飾りのない白いTシャツ
数珠
貸してくれる
Tシャツでいいんですか?
そんなに仰々しくしなくてもいいんですよ
下には水着を着込む
どんな水着でもOK!
宗法先生はこのようなお姿
私は太い足が目立たないように着物用のステテコを履いたけど履かなくてもよい
かえって冷えるかも
他にもタオル2枚ほど厚手の靴下サンダルなどなど
私たちが川に入る前に宗法先生が禊の場を作ってくれます
これから禊させていただきます
ホー
入水
チャプ…
つめたーい気持ちいー
…わけないだろー
いだだだだ
冷たさが皮膚に食い込む食い込む!
水が痛い
ねー

まず
足首を
川に沈め
膝、腰と
順に川に入れ
ひ〜〜〜
つめて〜
徐々に体を
慣らしつつ
おへそから
鳩尾あたりまで
川に浸かります
はあああぁぁ
ああ
ギュンギュンに
冷たい!
水原さんが
怖がったの
分かる!
分かるわ〜!
スサッダルマ
ナマス
サッダルマ
そして
マントラを
唱える!
声を大きくして
冷たさから
気をそらす
キャ
サッ
ダリキャー
タラ〜〜

ナマス
サッダ
数珠の珠の数だけ
マントラを唱える
1回唱えては
珠を繰る
フン
ソタラン
ソタ
あっ 間違えた
まぁ いいや
考えるな
感じるんだっ
だんだん
何を言っているのか
分からなくなる
ナマス
サッ
遠くに見えた
釣りのオジサンが
去った
頃には
何しに
来たんだっけ
ここに来た
主旨を忘れる
そして
ダルマ
フンダリキャ
ソタラン
その
神々しさに
骨折も
忘れる
ナマス
サッダルマ
フンダリキャ
ソタラン
無！

…無…………
最後に頭まで川に入る人いますか
――え？
宗法・禊導師に指を掴んでもらい…
1回
2回は浅く
3回目は深く
ゴボゴボ
ゴボ
初めてなのによく頑張りました
ありがどうございばず
指から"気"を抜いてもらって終了
ピッ
水が怖いって言ってたのによく潜れましたね
ガタガタ
水と折り合いがつくんですよ
折り合い？
そう気持ち次第決意次第なんですよね
なんと！
私はなんで潜ったんだろう
マントラすごかったしなあ
チーン

潜らないと
禊場の空気が
うねるくらいの
強いマントラが
消えてしまうようで
もったいなかった……
ケチでゴメン
そのあとは
温泉で
体を温め
たましい
よくやった
今日くらいは
自分をほめたい
食堂で
お昼ご飯を
食べます
禊のあと
お酒
飲んでも
いーんですよ
そっか
御神酒も
あるしなー
私は軽くパニックを
起こしていたようで
37番
大盛の方
山菜そば
大盛りを
頼んだり
でかい
温泉で
知らない人に
挨拶したり
あれー?
こんにちは
誰?
鼻水が止まらず
人前で
かみまくったり
ブ
ブ
ブ
ずっとしゃべって
たりしました
水原さん
ちょっと
印象が
変わりましたね
え?
柔らかく
なった感じが
します
禊
4回目
禊って
やっていると
印象が
変わって
くるみたい
なんですよ

私も言われましたよ
すぐに変わるわけじゃないけど
川で清められ罪穢れが落ちると
あんなこと
そんなこと
こんなこと
これはこれ
私は私
いろんな物事をきちんと受け止める力が身につく…
まさに折り合いがつく決意がつく
自分の人生に覚悟がつくのかもしれません
そして、そういう人は強くて優しい
つくつくづくし!
つく
私もちょっとずつでも変わっていけたらいいなあ
落ち着いて安定した心を持ちたい
後日視える友人に会った時
何も憑いてないサッパリしてるよ
やった!
禊! すごっ!
なんかちょっとホッとするなぁ
心の安寧もこの小さな変化を繰り返すうちにやってくるのかもしれませんね

皆さま 最後までとても親切にしていただいて 本当にありがとうございました
大感謝です!

川禊を体験して……

快晴だった天候が、禊の間だけ激しい雨に。自然の中での無力さ、謙虚になる大切さを再認識

S・Oさん　50代　女性　自営業

宗法さんのお話を聞いて禊に参加することになりました。特に目立った問題があったわけではないのですが、子どもがまだ小さく、夫は家事が苦手で、私は仕事と子育て、家事に追われて心身共に疲弊していましたので、「まずはやってみよう」という軽い感じで臨みました。

初めて禊に参加した日は快晴で、天気予報も晴れだったのに、禊の間だけ豪雨になりビックリしました。そして禊が終わると嘘のようにまた晴れ間が広がったので

す。その大きな自然の営みを体験し、自分の無力さを痛感し、何事にも謙虚にならなければと思いました。禊は想像以上に体力を使い疲れましたが、心はスッキリした爽快な感じがありました。もともと深く悩むことがあった訳ではないので、禊によって何か目立った変化はないように思いますが、禊をすると自分自身と対面できる「謙虚でなければならない、自分は偉くもなんともない」ということを再認識できるため、年に1、2回は時間を作り参加しています。ここ数年は夫と一緒に、昨年は中学生になった娘も初めて連れて行きました。

改めて御先祖様への感謝の念を持てた。禊の後は人間関係が穏やか、仕事もスムーズに

N・Oさん　40代　男性　会社員

禊に初めて参加したのは、妻に勧められたのがきっかけです。特に大きく困ったことはないものの、仕事や人間関係でついた、何か悪いものがあるのなら祓ってお

きたいという気持ちでした。禊の最中は、上流の方に何かがいるような感覚になったのが不思議でした。

禊の後、日常生活に戻ると周りの人が穏やかになって、仕事がスムーズに運ぶようになった気がしています。以来、毎年1回、お祓いを受けるような感覚で川での禊を続けています。当たり前のことですが、御先祖様がいて自分がある、御先祖の皆様に感謝することの大切さに、禊を通して改めて気づきました。

第4章

今すぐできる家禊

自然豊かな地方に住んでいて、浜辺から数分のところに自宅があったり、きれいな小川が家の前を流れていたりする友人がいます。思い立ったらパッと禊ができる環境はとても羨ましく、自分もそういうところに住んでみたいなと憧れます。川での禊の素晴らしさを参加者の方々の経験談も織り交ぜて紹介してきましたが、ほとんどの人は、こうした自然界での禊を日常的に行うのは難しい状況かと思います。とは言え、生きていれば日々、邪気は溜まってくる。そうした時はどうするか。私は家のお風呂で禊をします。これを「家禊《いえみそぎ》」と呼んでいます。禊を特別なことと考えて後回しにするよりは、今、自分ができることを行う。ネガティブなエネルギーはサッサと祓う。そこでお風呂での家禊をぜひ皆様に行っていただきたいと思います。

家禊が生まれた背景

師匠の宗延も家で禊をしていました。祈祷を請け負うと、依頼者に降りかかっている災厄を祈祷する側が受けます。その負のエネルギーは目に見えないものではありますが、確実に祈祷する側の体に、現実的な影響を及ぼします。頭痛がしたり、胃が痛くなったり、腰が重くなったり。特に宗延は病を治すことに大きな力を持っていたため、重い病気の方がよく祈祷を依頼してきました。私が修行で通っている間も、眼病の方の祈祷を始めた直後に視力が極端に落ちてしまったり、依頼者が肝臓の病気の方の時は、血液検査で肝臓の機能を表す数値が急激に悪化したりもしました。それが川での禊が終わるとスッと元に戻るのです。

ただ、さらに過酷な影響を受けることもあり、そうした時は定期的な山中での禊を待っていては体がもたないため、緊急避難として家で禊を行うのです。元来、宗延が行っている禊の作法は、祈祷師が祈祷をして受ける災厄を流すためのものとして、その師匠から引き継いだそうですので道理に適《かな》っている訳です。私が見てとにかく驚いたのは、胃がんの方の祈祷をした直後に自宅の浴槽で水に浸かり禊をしている宗延の写真です。ドス黒い血が宗延の胃の辺りから流れ出ていて、その様があまりにすごいので家族が撮影したそうですが、特に体に傷口がある訳ではないのです。そして禊を終えて水から出れば元の体。理屈では説明できない、なんとも奇妙な話です。

家禊で川に飛ぶ⁉

禊に通い始めた頃、仕事と家族の関係でどうしても元日の禊に岩手まで行けそうもなく、そのことを宗延に話すと「じゃあ、家で禊をしてみろ」と言われたのが、私が初めて家禊をするきっかけでした。おそらく当時、師匠以外で家で禊を試みたのは私が最初かと思います。家のお風呂場を清め、浴槽に水を張り、皆が山で禊をする時間に合わせて、教えられた手順で私も禊をしました。冬山での禊も過酷ですが、家での禊も水道水が冷たく、なかなかに厳しいものです。導師もいず、共に頑張る仲間もいません。そして、何よりも日常の空間で気持ちを切り替えることが難しく、自分も川に入っていると想像し、真言を唱えることに集中し乗り切りました。手探りではありましたが、終わった後の爽快感は山での禊と変わりません。「家でも禊ができるんだな」と新たな発見をした気持ちになりました。余談ですが、後日、その日の岩手の禊に参加した人から伝え聞いたところでは、禊の最中に宗延が「○○（私の本名）がここに来てるな」と嬉しそうに話していたそうです。余りに強く念じていたので、源氏物語の六条御息所《ろくじょうのみやすんどころ》のように生霊になって山まで飛んで行ったのかもしれません（冗談です）。

その後も岩手まで行けない時、また、東京で禊をするようになってからも台風や大雪で山を登る道が通行止めとなってしまった時は、家で禊を行いました。家禊では浴槽に水を溜め、さらに水を常に流し続け、川を仮想した状態を作ります。読経をしたり、真言を唱えたりすると、浴槽の底の方に水道の流れとは違う川のような流れができ、時々ぼこぼこと気泡が出てきたりすることもあり、これも禊の不思議だなと思います。

10日に一度の禊を繋いで丸10年を迎える頃から、神道に携わる方々との出会いが増え、巫女の修行をさせていただくご縁がありました。その中で、舞の奉納などご神事の前に行う精進潔斎の一環としての禊も経験しました。潔斎はお酒や動物性食品をはじめネギやニンニクといった匂いの強い食品は一切取らず、また沐浴（禊）をし、外出を控えるなどして心身を清めます。日々の禊は浴槽に浸からず、手桶で水をかける方法です。短時間に済むものではありますが、それだけでも十分に身も心も軽くなることが分かり、この経験が今回ご紹介する「お風呂で1分お清め法」にも活かされました。

コロナ禍にはリモートで

コロナ禍で緊急事態宣言が出されている時は、山での禊をどうすべきか判断に悩みました。当時は複数人で集まるということも気が引けましたし、温泉施設を利用することで、人口が少なく感染のリスクの低い村の方々にご迷惑をかけるのも躊躇《ためら》われました。しかしながら、新しい疫病の蔓延に人々の不安は増すばかりですし、マスクと消毒、オンラインでの仕事や学業という慣れない生活にイライラが募り、SNSでは陰謀論も喧伝されて疑心暗鬼に駆られる人々も大勢いる。こうした負のエネルギーが世の中に渦巻いている時こそ、禊は必要ではないかとも考えました。

そこで思いついたのが、オンラインで繋がってのリモート家禊会。オンライン飲み会があるなら、オンライン禊会があっても良いではないかと閃《ひらめ》いたのです。禊によく参加している数人にお声かけしたところ、全員が「是非やりたい」というお返事。参加者には前もって手順を知らせ、禊の時は浴室にスマートフォンを持ち込んでもらい、最初にお互いの姿を確認したら、後は私の声だけ聞こえれば良いということで試してみました。終わってみると「すごくスッキリした」「家で禊できるなんて有り難い」「また参加したい」と皆さんが絶賛してくださり、その後も、緊急事態宣言が出ている期間はこうした禊会を繰り返し開きました。

誰でもできる禊を

ご神事に関わる方々は日常的に水垢離、湯垢離をして自身を清めていらっしゃります。それならば普通の人も各々、暮らしの中で禊を習慣にすれば、もっと人生がより良きものになるのではないかと、リモート家禊会でお役に立てた経験から思うようになりました。かねてより、川での禊の参加者に「ちょっとモヤッとした時はどうすればいいか」「もっと簡単に禊できませんか」と聞かれた時にお伝えしていた塩を使った禊の方法と、巫女の御修行で行っている水垢離の方法を掛け合わせて、一般の方にも実践しやすくまとめたのが「お風呂で1分お清め法」です。「お風呂で1分」と銘打っていますが、特に時間にこだわりはありません。手軽にできるという意味です。私自身もこの方法で禊を行い、日々の御祈祷で受けたものを祓えていますし、川禊の参加者の方々にも試していただき、皆さんがその効果を認めています。

「場」を整え意識を切り替える

ここからは「お風呂で1分お清め法」の手順をお伝えしていきます。まずはとても重要な心構えについてです。川での禊でもまず「場」を整えることから始めますが、それは家で行う時にも同様に大切なことです。禊は神聖なる水の力、そして御神仏や御先祖様からの力をお借りして行うものです。そうしたお力を頂くのに、浴室や浴槽が汚れているのは論外です。まずはしっかりと掃除をし換気をして、清浄な空間を作りましょう。家での禊が習慣化すれば、常に浴室が清潔に保たれることになりますから一石二鳥です。

「場」を整えるのにはもう一つ目的があります。それは心の切り替えです。川での禊は非日常ですので自ずと気が張りますが、日常生活の空間にある浴室では気持ちの切り替えを難しく感じるはずです。いつものように服を脱いで、シャワーを出して、となるとそれは普段の入浴と同じ。もちろん、入浴も元を糺《ただ》せば沐浴であり禊とも言えますが、この「お清め法」を実践する時は、意識をしっかり分けて臨んでください。清潔を保っている浴室であったとしても、サッと床や壁に水や塩をかけて清めたり、事前にお香を焚《た》いておいたり、といった、自分なりの禊スイッチが入る方法を試してみるのも良いでしょう。

そして、いざ禊を始める前には必ず、合掌してこれから禊をすること、それにより罪穢れを祓っていただきたいということを言葉にして表明します。仏教用語では表白《ひょうはく》と言いますが、お力をお貸しくださる方々に自分の意志を示しお願いをするのです。これでしっかりと「禊をする」という意識ができるはず。そして、禊が終わったら再び手を合わせて、禊をさせて頂いたことへの感謝の気持ちも表明しましょう。お願いをしてお力を頂いたら御礼をする。ごく当たり前のことです。

フォレスト出版　愛読者カード

ご購読ありがとうございます。今後の出版物の資料とさせていただきますので、下記の設問にお答えください。ご協力をお願い申し上げます。

● ご購入図書名　「　　　　　　　　　　」

● お買い上げ書店名「　　　　　　　　　　」書店

● お買い求めの動機は?

1. 著者が好きだから　　2. タイトルが気に入って
3. 装丁がよかったから　　4. 人にすすめられて
5. 新聞・雑誌の広告で(掲載誌誌名　　　　　　)
6. その他(　　　　　　)

● ご購読されている新聞・雑誌・Webサイトは?

(　　　　　　　　　　)

● よく利用するSNSは?(複数回答可)

☐ Facebook　☐ Twitter　☐ LINE　☐ その他(　　　　　)

● お読みになりたい著者、テーマ等を具体的にお聞かせください。

(　　　　　　　　　　)

● 本書についてのご意見・ご感想をお聞かせください。

● ご意見・ご感想をWebサイト・広告等に掲載させていただいてもよろしいでしょうか?

☐ YES　☐ NO　☐ 匿名であればYES

あなたにあった実践的な情報満載! フォレスト出版公式サイト

http://www.forestpub.co.jp　フォレスト出版　検索

郵便はがき

料金受取人払郵便

牛込局承認

9092

差出有効期限
令和7年6月
30日まで

1 6 2-8 7 9 0

東京都新宿区揚場町2-18
白宝ビル7F

フォレスト出版株式会社
愛読者カード係

フリガナ お名前	年齢　　　歳 性別（ 男・女 ）
ご住所 〒 ☎（　　）　FAX（　　）	
ご職業	役職
ご勤務先または学校名	
Eメールアドレス メールによる新刊案内をお送り致します。ご希望されない場合は空欄のままで結構です。	

フォレスト出版の情報はhttp://www.forestpub.co.jpまで!

いつでも、毎日でもOK

家禊は毎日行っても、また朝でも夜でも、いつ行っても構いません。お勧めは帰宅後すぐ、または夜の入浴の前に行うことです。入浴とセットにすると習慣化しやすいですし、1日を過ごした心身には、自ら作り出したもの、他者から受けたものを問わず諸々の邪気や邪念、ネガティブなものがついていますから、それらをサッと流してリセットし、明日へ気持ちを切り替えられます。また、朝に行うと心身が引き締まる感覚があり、実際に朝の禊を繰り返して心が強くなったという方もいます。もちろん、朝と夜、2回やっても問題ありませんし、数日に1度、1週間に1度と定期的に行うことも良いと思います。何よりも続けることが大切ですから、色々な形を試してご自身に合った方法を見つけてください。

Misogi Method

お風呂で1分お清め法

【用意するもの】

・塩（精製した食卓塩ではなく粗塩）

・たらいや手桶、洗面器（シャワーを使う方法もご紹介しますので、ご自身で行いやすい方法で）

【準備】

浴室、浴槽をしっかり清掃し、換気をする。

【手順】

1 意志表明（表白）

禊をして、罪穢れを祓っていただきたいということを言葉にして表明する。

例文「〇〇〇（自分の氏名）と申します。いつも御加護くださる神々様、仏様方、我が御先祖様方に心より感謝申し上げます。これより禊を行います。我が身についた罪穢れを祓い、清めてください」

自身で特に信仰している神様や仏様がいらっしゃれば、そちらの御名を申し上げてお願いしても良い。

2 a、bいずれかを行う

a シャワーを使う方法

1 塩をひとつまみ、左の肩にのせて、シャワーで流す。

2 同じく塩をひとつまみ、右の肩にのせて、シャワーで流す。

3 もう一度塩をひとつまみ、左の肩にのせて、シャワーで流す。

4 1～3を1セットとして3セット繰り返す。7セット、9セット行えればなお良い。

5 （できるならば）頭頂部に塩をひとつまみのせてシャワーで流す。

シャワーの温度は36～38度位が適温です。冷水でも構いませんが、血圧が高いなど持病のある方、妊娠中の方は冷水は避けてください。ご自身の体調をしっかり見極めて取り組んでください。また、頭から被る5は可能な時で構いません。

b 浴槽（またはタライ）、手桶（または洗面器）を使う方法

1 浴槽（またはタライ）に湯を張り塩を溶かし、手桶（または洗面器）に湯を汲んで左肩に流す。

2 手桶で湯を汲み、右肩に流す。

3 手桶に湯を汲み、左肩に流す。

4 1～3を1セットとして3セット繰り返す。7セット、9セット行えればなお

良い。

5 （できるならば）頭から塩湯を被る。

水温はシャワーの場合と同様、ぬるめのお湯が適温です。冷水を使う場合は自身の体調を考慮して慎重に。浴槽を使う場合は、必ず新しい水を張ってください。5 は可能な時で構いません。

3 御礼

禊をさせて頂いたことに感謝を述べる。

例文「本日も禊をさせていただきありがとうございました。いつも御加護を賜りますことに感謝申し上げます」

塩湯（塩水）が肌に残るのが気になる方は、最後に真水で洗い流してください。また、禊の後で普通に入浴しても構いません。

真言・祝詞・お経

禊の間に真言（マントラ）やお経を唱えてみるのもお勧めです。禊に集中できるようになりますし、御神仏のお力をしっかり頂けます。簡単で覚えやすいのは、

「祓いたまえ、清めたまえ」

この言葉を禊の間、ずっと繰り返して回し続けます。

記憶力に自信がある方でしたら、祝詞であれば禊祓詞《みそぎはらひのことば》（天津《あまつ》祝詞）、お経でしたら般若心経《はんにゃしんぎょう》を覚えて繰り返すこともお勧めです。禊祓詞はその名の通り、神々様に「罪穢れを祓ってください」とお願いする祝詞。般若心経は滝行でも使われますが、心身を清める効果が大きく、霊的な守りにもなるお経です。どちらもインターネットで検索していただければすぐに全文が出てきます。短く、何度か繰り返して読めば覚えられますので挑戦してみてください。

また、さらに日常の感覚から離れて禊に集中できますように、禊を行っている川の動画と、私が唱える真言の音声をダウンロードできるようにいたしましたので、よろしければご活用ください（巻末ページに案内があります）。

この真言は、師匠の宗延から引き継いだものでとても力のある真言です。川禊に参加される方にのみお教えしていますが、本書をお読みいただいた皆様には特別にお知らせいたします。

ナマスサッダルマフンダリキャソタラン

本書の冒頭からお話をしていますように、この真言により様々な禊の効果が出ているとも言えます。よろしければ、禊の時にこの真言を唱え続けてみてください。

禊に依存しない

禊をぜひ実践し、続けていただきたいのですが、注意してほしいこともあります。一つは無理はしないこと。体調が悪かったり、睡眠時間を削ってまでもやることではありません。そして、禊に依存しないことです。禊さえしていれば何でも上手く行くということはありません。「禊したから願いが叶う」「病気が治る」などとは捉えてほしくないのです。禊はあくまでも心身を清らかにして、調えるためのもの。新たな気持ちで行動する、そのためのいわば儀式です。禊を続けて、その良さを実感するようになると、「禊をしないと不安」になる人もいらっしゃります。ただ、それは勘違い。禊は毎日行ってもいい。ただ、禊しないから急に悪いことが起こるというものではありません。禊が目的化して脅迫観念のようになってしまうと、それは逆効果です。

これは、いわゆるスピリチュアル系と言われるものに興味をお持ちの方に多いのですが、例えば、御神仏にお願いするだけでお金持ちになれたり、結婚できたりすることはまずありません。パワーストーンを身につけていれば、有名な神社のお守りを持っていれば幸せになるかというと、それもノー。「人事を尽くして天命を待つ」という言葉がありますが、御神仏頼みは最後の手段。目的に向かってしっかりと行動をしてこそ、御神仏も手を差し伸べてくださるのです。

禊は祓い清めるもので、それだけ行えば全てが上手く行くというものではありません。禊をして行動するからこそ、その効果も活きるということを忘れずに実践してください。

家禊を体験して…

家禊を実践している2人の方が体験談を寄せてくださりましたのでご紹介します。

他人の感情の影響を受けて心身が重くなったら家禊や塩湯で洗い流してスッキリ

M・Fさん　50代　女性　会社員

初めて川の禊に参加したのが6年ほど前です。水に入ることがもともと好きで、滝行などにも興味がありましたが、機会がありませんでした。知り合いから宗法さんの話を聞き、紹介してもらったのがきっかけです。当時、夫の両親が亡くなり、もともと無宗教で、きちんとお経をあげたお葬式もしていなかったので、本当にそれでよかったのか気になっていました。そこで、夫の両親と御先祖様の供養のために川禊をすることにしました。

初めての禊はとても清々しく、気持ちが良かったです。ひたすらマントラを唱え集中することは日常に無いので、毎日でもやりたいと思うくらいでした。川から上がって、温泉へ行く道を歩きながら眺める景色の全てが、細胞から感じる美しさであふれていました。感覚がとても敏感になって、ただただ今いることへの感謝でいっぱいになりました。禊のおかげで、自分の個性が強くなり、自分の芯が年々太くなっていると実感します。以来、毎年最低1回は参加させてもらっています。

家での禊は3ヶ月に1回くらい行っています。もともと、人のエネルギーを感じ取り、自分に取り込んでしまうタイプなので、周りが大変だと、こちらも体が重くなります。そこで、オフィスにいる周りの人の影響で、自分の体がきつくなった時に家禊をするようにしています。私は給湯器を切って真水を流すようにしています。お風呂もしっかりと掃除してから始めています。川にいることを想像しながら、川での禊で教えてもらった真言を唱えています。対人関係が気になった時に家禊をすると、相手の態度がいい方向に変わります。
また、浴槽に湯を張って塩を溶かして、その塩湯に浸かるようにもしています。カウンセラーという仕事の関係上、相談者の話を聞いて体が重くなることがあるのですが、塩湯に入ればぐっすり眠ることができ、翌日は体が軽くなっています。1回で効果を感じることができますが、1回で改善されない時は2回、3回と続けて行っています。

敏感体質の克服と、自分軸を立てるために毎晩家禊。望む仕事を引き寄せ、気乗りしない仕事を手放せた

A・Mさん　50代　女性　自営業

年に1、2度、川禊に参加しています。仕事が忙しいので頻繁に参加できず、オフシーズンにも禊の必要性を感じていました。また、敏感体質なので、人の念や霊障を受けやすく、普通の人なら何でもない状況で具合が悪くなってしまいます。しかも、自営業という立場上、気乗りしない仕事を引き受けることもあり、それが原因で、注力したい仕事が滞っていました。もっと自分軸をしっかりさせないと、と思ったことから、家禊を始めたのです。

最初は宗法さんから教わったメソッドを実践し、徐々にカスタマイズして、自分らしいやり方に落ち着きました。お風呂から上がる前、洗面器にお水を満たし、そこにひとつまみの塩を溶かします。神仏にご挨拶をした後、体を水の冷たさに慣らしてから左右の肩にかけ、最後に頭からかぶります。

家禊を始めて1週間、頭がクリアになり、ネガティブなものが祓われた実感がありました。1ヶ月ほど毎晩続けた結果、心身と状況が調ったと感じました。

川禊シーズンが始まり、参加したところ、前より禊に集中できた気がします。禊サポーターのMさんが「雰囲気が変わったね、よくなったね」と誉めてくれました。その後も家禊を毎日続けています。やりたくない仕事は自然と手離れし、もっとコミットしたい案件は様々な援助をいただいて走らせることができています。

実は1年前も家禊にチャレンジしたのですが、効果が実感できず挫折しました。今思えば、「このために禊をする」という強い意図がなかったからかもしれません。今は、進みたい方向性を明確にし、しっかり表白してから禊をするようになりました。そのためか、格段に物事がスムーズにいくようになったと感じます。

コロナ禍ではオンラインで家禊会を行った

お風呂で禊！

お風呂で禊ってそんなにラクチンでいいんですかね？
桶型のお風呂スキ
フツーにお風呂に入るわけではないんですよ
それじゃ銭湯ですよー
そもそも家禊は頻繁にできない川禊に代わって家で禊ごうと考えたものなんですよ
禊場
2時間かけて帰る…
行くぞ！
なるほど
その点家禊だったら毎日でもできますからね
毎日かー
さて禊ぐか
ガチャ
でも、準備が大変だったら私なんかはできないかも…
大体がものぐさだし
塩
簡単ですよ

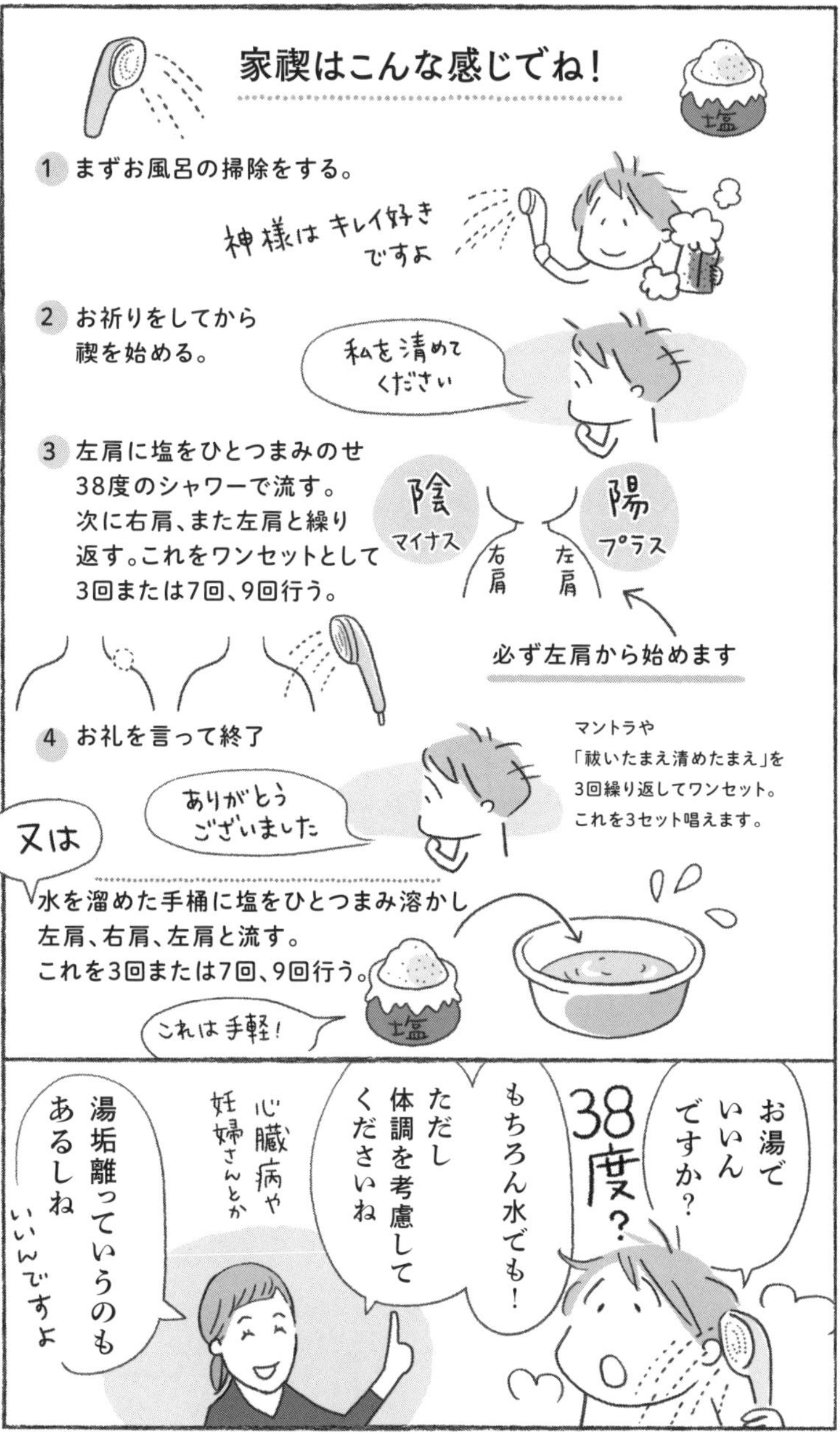
家禊はこんな感じでね！
1 まずお風呂の掃除をする。
神様はキレイ好きですよ
2 お祈りをしてから
禊を始める。
私を清めてください
3 左肩に塩をひとつまみのせ
38度のシャワーで流す。
次に右肩、また左肩と繰り
返す。これをワンセットとして
3回または7回、9回行う。
陰
マイナス
陽
プラス
右肩
左肩
必ず左肩から始めます
4 お礼を言って終了
ありがとうございました
マントラや
「祓いたまえ清めたまえ」を
3回繰り返してワンセット。
これを3セット唱えます。
又は
水を溜めた手桶に塩をひとつまみ溶かし
左肩、右肩、左肩と流す。
これを3回または7回、9回行う。
塩
これは手軽！
お湯でいいんですか？
38度？
もちろん水でも！
ただし体調を考慮してくださいね
心臓病や妊婦さんとか
湯垢離っていうのもあるしね
いいんですよ

早速実践
清め 清め
気になって塩をバラまいて掃除しました
塩
シャワーで禊
ホェ〜〜気持ちい〜〜っ
ときは6月ゆるい季節
待て！
禊ってもっと厳しいものでは？
ザバーーーーウアッ
※個人のイメージです
兄上…
やっぱり水でやってみるか
武士に敬意を表して
手桶に塩
しかし、何度やってもスッキリ感は得られず…
なんだろう感謝が足りないのかな
あんまり効果がなかったんですか？
最初だからよく分からないのかもしれませんね
そうなんだ…

私は1ヶ月間続けてみたんですが
軸が整ったというか…
周りの態度も好意的にみられるようになったし
ガミガミ
あの人ヤダな
仕事
自分の劣等感とかわだかまりや猜疑心が少なくなった感じがします
ガミガミ
仕事に対して真摯なんだ
仕事
私にはそんな感覚はなかったですよ〜
相変わらず軸がブレブレというか…
ユラ
ユラ
塩風呂にも入ったほうがいいのかなあ
それか、1ヶ月続けると水原さんのようになれるとか…
いや、ちがう！
違うぞ！
ん？
お前はただ漫然と家禊をしていただけなんだよ
禊の神様です
誰？
えー？
あら神様
お知り合い？

人の体にまとわりつくネガティブな罪穢れ
それを塩と水でスーッと洗い流してくれるのが家禊なんです
スーッとって
そんな軽いもんなんですか？
考えるな
塩は海からやってきている
水道水だってもとは天からの授かり物
両方とももともとは自然の産物…
その力を借りて自分の罪穢れを流してもらうのです
想像してごらん
自分にくっついているネガティブな塊が
ネバ
ネバ
塩と水によって洗い清められ
本来の自分が現れる様子を

そして、その塊が
足をつたい
排水溝から
流されていくさまを
※個人のイメージです
残ったのは
以前よりちょっと強くなった
素のあなたです
自分が思うところ
目指すところを
突き進めるように
水と塩が
ネガティブで
ムダな気を
祓い清めて
くれたのだ
ね
自然の力は
すごいでしょう?
この力を
借りない手は
ありませんよ

ほら
ハアー
スッキリした！
生き返ったような気持ちになったろう？
そうか
今まで家禊は川禊での体験を引きずってボーゼンとした気持ちのままに行ってました
初めての川禊のショック
ボェー
これじゃ何回やってもスッキリしないわけだ
目的を持って禊の場をきちんと作り
穢れを祓います
よろしくお願いします
集中する事が大切
イメージ イメージ
気持ちも落ち着いて
ブレてた自分を引き戻せるような…
体に芯が一本通ったような気がする
これが「調う」ってことなのかな
人の感じ方は様々じゃ

偉い先生に
教わらなくてもいい
時間も気にせず
人目も気にせず
水と塩さえあれば
ついでに
頭からも
かぶる
自宅のお風呂で
ひとりでできる
これだと
金もかからんだろう?
必要なのは
神仏や自然に対する
感謝の気持ちだけです
自分流に
アレンジしても
かまいませんよ
たまにやってみたら
どうだ?
自分がまっさらに
なるぞ
じゃあこれから
やってみようかな
それが
いいですよ
特に上田さんは
禊で穢れと一緒に
脂肪も流れてくれたら
最高なんだけどなー
………
…お前…
…お前は今度は
氷水でやるがよい…
川禊も家禊も
禊です
心を込めて
行ってくださいね
グッドラック
じゃよ
塩
塩

家禊Q&A

質問

禊は、お風呂に入るのとはまた別の時間に行わないといけないですか。

回答

入浴と禊は同じタイミングでも構いません。入浴の前後ですと習慣化しやすくお勧めです。朝に禊、夜に入浴と、分けて行う方もいらっしゃります。

質問

禊から入浴、あるいは入浴から禊、というように入浴と一連の流れで行ってもよいでしょうか。

回答

大丈夫です。ただ「これは禊だ」という境界線は必要です。手順でも説明した通り、しっかりと御神仏や御先祖様方へのご挨拶をして区切り、入浴とは違う行為であることを明確にしてください。浴室に入って最初に「これから禊をさせていただきます」と意志表明し、禊を終えたら「ありがとうございました」と感謝をして、それから入浴するほうが流れとしてはスムーズかもしれません。

質問

湯船に入ったり、髪や体を洗ったりした後に、家禊をやってもいいですか。

回答

前と後、どちらでも構いませんが、頭から塩水を被る場合は、後からシャンプーをしたほうが良いと考える人もいます。髪や体を全部洗い終わって、最後に禊をしても良いと思います。

質問

お塩を左肩にのせて、また右肩にのせて、左肩にのせて、というセットを3回、できれば7回、9回繰り返す、とありますが、1セットごとに手を合わせるなどの区切りの行為はしなくても大丈夫ですか。

回答

もちろん丁寧に行うのは良いことです。どちらでも構いません。

質問

意志表明や御礼の言葉は声に出さないとダメでしょうか。家族に聞かれたくないのですが。

回答

声に出すことが望ましいです。ただ、それ程大きな声である必要はありません。ご家族に禊を知られたくないのでしたら、例えばシャワーを流して水音を立てながら、小声で行うのはいかがでしょうか。

質問

「禊の後、塩風呂に入ってもいいのでしょうか。」

回答

はい。塩風呂はお勧めです。塩の入浴剤も上手く利用してください。

質問

「38度のお湯だと、ぬるくて「家禊をした」という実感が湧かないのですが……。」

回答

禊の効果に変わりはありませんが、気分も大切ですから、そうした場合は温度を低めにしてみてください。ただ持病のある方は冷水は体に負担となりますので、お湯を適度に混ぜるなど、自分に合う温度に調整してください。

質問

「旅先で禊をしたくなった時はどうすれば良いですか。」

回答

荷物は増えますが、塩を調達して宿泊先で行ってみてはいかがでしょうか。私はいつも塩を持ち歩いていて、旅先でも気になるとホテルのシャワーで禊をしています。この後にも手軽にできる「プチ禊」の方法をいくつかお知らせしますが、塩はお祓いの必須アイテムです。小さな食品保存袋などに入れて持ち歩くことをお勧めします。

川禊を体験して……

水に入るのが心地よい季節に禊を継続。奢りや傲慢さを祓って日々の無事に感謝する

K・Yさん　40代　男性　会社経営

以前私は海外に住んでいたこともあり、時々日本に帰国するタイミングで、宗法さんにお会いして、家族のことや仕事のことなどについて、感じることを聞いていました。大きな問題があって相談するというよりは、自分では感じられない部分について、何かメッセージのようなものがあるかを参考までに聞いていた、という感じです。川での禊は、特別な意図はなく、禊というものを行ってみたら、どう気持ちが変わるのか確認してみたいという興味、好奇心が強かったように思います。

初めての禊では、最後に水の中に潜ると「別の世界がある」という気持ちになった記憶があります。禊をして、特に大きな変化を感じたわけではありませんが、心なしか、体も気持ちもスッキリとした印象でした。以来、年に1回程度、水温も上がり水に入ることが気持ちの良い季節に参加しています。目には見えない存在ではあるものの、神々や御先祖様の霊などに触れることを定期的に行うことで、自分の中に知らず知らずのうちに溜まっているかも知れない、奢《おご》りや傲慢さのようなものを未然に防ぎたいと思っているからです。

お陰様で、日常生活の中でついつい忘れがちな、見えない大きな力への感謝の気持ちを思い出させていただいている気がしています。現在、毎日大きなトラブルもなく生活ができているのは、もしかすると川禊に参加しているからかもしれません。

第5章

禊の後の清らかさを保つ生き方

「素」の感覚を持続させる

禊をした後、心身が軽くスッキリとします。「ニュートラルな感じ」と表現する方もいますが、これは上手い言い方だと思います。感情にムラがなく、ポジティブにもネガティブにも傾いていない状態。これがその人自身の本来の自然な姿、素に戻っているのです。

よく「ポジティブシンキングが大切」「何にでもありがとうと言おう」「ネガティブワードは駄目」などと生き方指南の本で言われますが、それは、自身の心身がネガティブ、陰陽で言うと「陰」に傾いているので、その逆の「陽」の側に針を大きく振れさせて無理やりバランスを取ろうとしているのだなと思っています。もちろん効果はあるのでしょうが、頭で考えて「ネガだ」「ポジだ」と調整しようとすると、ちょっと力が入り過ぎてしまうのではとも思うのです。何より自分にとってのニュートラル、中庸な状態を分からずに判断できるのかなと訝《いぶか》しんでもいます。

禊をした直後、私は参加した方に「このスッキリした状態を感覚として覚えておいてね」と話します。もし、日常の中で嫌なことがあったり、イライラしたりするようなことがあったら、ちょっと目を瞑って、呼吸を整え、その感覚を思い出すのです。これは結構、効きます。スーッと心が落ち着いてネガティブな感情が薄れていき、心が調う感じがします。体験者の中には、目を瞑《つぶ》った時に禊場の風景、川や樹々の緑を思い出して深呼吸をすると、よりスッキリとした体感になりやすいという方もいました。一種の瞑想のような感じでしょう。

ネガティブな感情を否定しない

私たちは皆、不完全な肉体と心を持ってこの世に生きています。そうした者の集まりが社会であり、家庭です。そこに不調和が生まれるのは当然のこと。日々、色々な物事が起こり、怒ったり、がっかりしたり、悲しくなったり、不安になったり……。もちろん、嬉しいこと、楽しいことも沢山あります。そうした感情の波は必ずやあるものと自覚することがまず大切です。どちらが良い、悪いではありません。

ネガティブな感情を悪いものとして打ち消そうとすると、逆に囚われてしまいます。ポジティブでいようとして「イライラしてはいけない」「悲しんではいけない」と自分に言い聞かせる。「〇〇してはいけない」という打ち消しの言葉は、どんどん自分の感情を縛ってがんじがらめにしていきます。そのうちネガティブな感情を抱いてしまう自分が嫌になって、自信も失われるのです。

ネガティブな感情は打ち消すのではなく、「私はすごく悲しい」「私はイライラしてるな」とその感情を認める、客観的に自分の心を捉えることが大切です。最近、「アンガーマネジメント」が注目されるようになりました。「怒り」という感情の衝動に振り回されないように、自己の感情を分析しコントロールできるようにする心理トレーニングですが、とても有意義なものだと思います。感情を否定するのではなく、感情の波に呑まれないように、自分の感情を俯瞰して捉える。「俯瞰する」ということがよく分からない場合は、そうした衝動的な感情が起きた時に自分の心の状態を頭の中で実況中継してみてください。「あ、今、私は悲しい。じわっと悲しみが広がってきました」「私は今、怒ってる。無性にイライラしています」などと、感情を言葉に変換するだけでスーッと冷静になっていきます。そしてその後に、禊の後のスッキリ感を甦《よみがえ》らせられれば、ニュートラルな状態に戻ることが可能です。

感応の妙

素の状態で自分の感情をニュートラルにすることを心がけていると、人間関係が円滑に運ぶようになります。人とは不思議なもので、こちらが相手を「嫌だな、苦手だな」と思っていると、相手も何となくよそよそしくなります。「感応《かんのう》の妙《みょう》」という仏様と衆生（人々）との関係を表した言葉があります。「人々が仏様を信じれば、仏様も応えてくださる」という、いわば念は通じ合うということを表した言葉ですが、これは人間関係にも当てはまります。相手にネガティブな感情を持てば、相手もそれを返してくる。そしてますます苦手になる。それが毎日顔を合わせる職場だったら、とても居心地が悪く、罪穢れを溜めていくことになります。

こういうときは「嫌だな」という感情をニュートラルに戻し、「なぜ苦手なのか」を分析してみます。例えば「この人はきつい言葉を使うからだ」と理由が分かったら、ちょっと視点を変えて「でもそれは正直に物事を見ているからでは」と捉え直してみる。苦手な相手のことを好きになる必要はありません。ただ相手に対して負の感情を持たない、少なくするだけで、自分の心は随分と軽く、楽になるはずですし、相手からも負の感情を受け取ることはありません。これは、人間関係だけでなく、物事に対しても同じ。仕事でも勉強でも苦手意識や嫌悪感を無くすだけで、新たな世界が広がることがあります。

人間万事塞翁が馬

嬉しいことがあったら盛大に喜び、悲しいことがあったら泣けばよく、失敗したら落ち込み、時には怒ることがあってもいいと思います。「ニュートラルに」ということは感情を押し殺すことではありません。そうした感情の波を元に戻せるようにするということです。

物事の性質には良い面も悪い面もあります。例えば、人の性格ならば「優しい」は「優柔不断」にも通じますし、「意志が強い」は「頑固で融通が利かない」こともあり、それらは裏表です。また、短期的に見れば悪いことが、長期的に見れば良いこともあります。例えば、病気が判明して治療をするため、仕事も辞めなければならなかった。不幸なように見えますが、でも、そのタイミングで治療しなければ死に結びついたかもしれない。また、次に就く仕事が魅力的なものである可能性もありますし、家族との結びつきが強まることになるかもしれない。まさに人間万事塞翁が馬です。ですから、物事を客観的に捉える癖をつける。そうすれば、何か嫌なことがあって落ち込んでも、怒りに震えるようなことがあっても、その波を抑えることができます。

一瞬の感情の波が通り過ぎたら、長期的、多面的に物事を捉え直す。そのような癖をつけておくと、ネガティブなものが溜まらないばかりか、あらゆることに感謝できるように変わっていきます。そうしたら万々歳、心の禊を行えたことと同じです。

第 5 章

禊の後の清らかさを保つ生き方

雪に覆われた冬の禊場

事前セッションでわかる自分のこと

…てなことがあったんです
だから占ってほしいと思って…
フムフム
やせろってことですよね
私がお名前から分かることはその方の性質とか傾向みたいなことです
その上でその時々の悩みや気がかりなことを解決していくのがこのセッションの目的なんですよ
金運とか
財運とか
棚ボタとかじゃないの？
名前の持つエネルギーってとても重要で
えっ
えっ
結婚して姓が変わっても旧姓の影響は免れないんです
オギャー
旧姓
旧姓
ペンネーム
新しい姓
喜びも悲しみも名前の数だけある
結婚後の姓
ずっとこの名前で生きてきたのでこれが性質の土台になってて
結婚後は旧姓と結婚後の姓と二つの名前を背負って生きていくことになるんですよ

それじゃ結婚したからって劇的によくなるって事ないんですか
チェ
もちろん変わることもありますよ
ただ大切なのは
自分の性質や考え方や行動の傾向を理解して感情に振り回されずに生きようって事なんですよ
感情
イヤな気持ちに振り回されてジタバタするの疲れるもんなあ
ザワザワザワザワ
人の性質は様々な側面を持ってます
とても優しい人
でも反面優柔不断である
悪
良
意志が強い人
でも言い換えれば頑固である
こんなふうに見る面によって同じ性質でもよくも悪くもなります
確かに人ってみんな二面性がありますよね
こんな顔
あんな顔
上田さんだとしたら
感受性が強い
でも繊細過ぎる
キャー
"センサイ"だって!

上田さんの場合の「繊細」は不安感に囚われやすいことをあらわします
あらそうなんですか？
仕事をしている時は「感受性が強い」という面が表に出て
感じるわよ
感じるわよ
不安
ネガティブになっている時は「センシティブ」な側面が大きく出る
そうです！落ち込んでる時は不安でいっぱいです！
うん
そういう時は
あ 不安が来た ネガティブなほうが表に出ちゃってるんだな
でもこの性格が仕事に役立ってるんだから
まっいっか
不安だよお
ーと考える
こんなふうに自分の性質を客観的に見るんです
これがとっても大切

「自分」を「ネガティブな感情」から離れたところで客観視することで
あーまた意味もなく不安になってる
あ〜何かわかんないけどいろいろ心配だよ〜〜スッキリしたいよ〜〜
ネガティブな感情って結構消えちゃう
不安
ブチッ
おやすみ
グー
この感情をコントロールできれば
今ネガティブになってるんだなまーしばらくはしょうがないか
不安
大変な時でもクリアできて行くと思いますよ
悪い感情って大きくなるのが早いんです
体だって冷えはあっという間に広まるけど温まるのには時間がかかるでしょう
ひゅう
陰のものを引きずっていると陰のものを引き寄せてしまう
行動するエネルギー（陽）が足りなくなってしまうんです

一番ダメなのは
そのネガティブな
感情に執着すること
いつまでもそばにいて！
本来は自分が
「陰」を持っていた
はずなのに
恨
憎
悲
怒
陰
いつまでも
思い続けているために
「陰」の方が大きくなって
自分がそれに囚われてしまう
ひぃ〜〜〜
わーたすけて
おぼれる〜〜
自分が巻き込まれたら
感情をコントロールする事が
できなくなってしまう
ヤダ！
壊れちゃう！
心を強く
持つように
しなきゃ
いけませんね！
ソレ
ソレ

強くあろうとすると
逆に強くなれない
自分を責めちゃう事が
あるんです
NG
NG
NG
強くなる
ために
あれしちゃいけない
これしちゃいけない
自滅…
…と思うと
むしろそっちに
行っちゃう
見た方向に
ぶつかっていくヤツか…
特にいけないのは
こうでなくては
いけない！
ーという思いこみ
これは否定形ですから
ネガティブなんです
否定形なんだ！
気合い形かと
思ってた！
そんなの
ないよ
どうせ言うなら
ポジティブに
〜しよう！
とか
幸せだー！
とか
もう言い切っちゃう
これは楽に生きられ
そうだなあ
そのためにも
自分の性質を知るのは
大事なんですよ
目標
楽に
生きる

姓名判断っていいか悪いか吉か凶かって思ってたので今回の見立てはとっても意外でした
実はこれにはもう一つ禊の前の顔合わせっていう目的もあるんですよ
セッションは任意です
禊は大自然の中で行います
水も冷たいし何が起こるかわからない
ギャー
ツル…
そんな時その方の性質が分かっていたら適切な対処もできるし
なによりお互い安心感がありますよね
よろしくお願いします
わかる！
私も禊の前にお会いできてよかった！と思いました
冷たい！でも大丈夫先生がいるから
先生のお話聞くだけで信頼感百倍増しですよ
ちなみにもちろん鑑定もしてくれます
上田さんは努力奮闘してつかむタイプ
棚ボタは…
ない！
しくしく…

感謝は「有り難い」に気づいてこそ

「感謝」とは、理性的に物事を捉えてこそ湧き上がってくる感情だと私は考えています。「これは当たり前ではない」と気づくから「有り難い」と感謝できるのです。例えば、日本は今のところ日々、命の危険を感じることなく生活でき、食べ物も豊富にあります。ですが、戦争に巻き込まれた国や地域、大きな災害に遭ったり、飢饉に見舞われた場所が世界中に多くあることを知れば、それは全くもって当たり前のことではなく、有り難いことだと気づきます。朝、目が覚めた。生きていた。命があることが有り難い。そのように日々の物事を捉え直すと、ほぼ「有り難い」ことばかりになります（人の尊厳を否定する、また奪うような暴力や行為は感謝の対象には絶対になり得ません。念のため）。

ポジティブシンキングで「何にでもありがとうと言おう」「何でも感謝すれば幸せ

になれる」という人もいますが、「感謝」は手段ではありません。物事を洞察して有り難いということに気づいていく。そのために禊で素のニュートラルな自分でいることが大切だと、禊にくる皆様にはお伝えしています。

家族にも挨拶、感謝を

禊に参加する方の中には、家族関係がギクシャクしているという悩みを抱えている人が多くいらっしゃります。お話を聞いていると、家族間で言葉によるコミュニケーションが足りていないことが原因だと気づきます。そうした場合には、まず家族でもしっかり挨拶をするようにと伝えます。「おはよう」「行ってきます」「ただいま」「いただきます」「ごちそうさま」「おやすみなさい」。挨拶は相手がそこに存在していることを認め、相手を気遣う言葉です。あまりに関係性が近いため、そこは省略しても良いだろうと思うのは間違いで、近しいからこそ相手を大切に思う気持ちをしっかり伝えなければいけません。

特に「ありがとう」は大切です。たとえ家族でも何かをしてもらったら感謝する。食事の時にお醤油を取ってくれたら「ありがとう」、ゴミ出しをしてくれたら「ありがとう」、駅までお迎えに来てくれたら「ありがとう」。家族のうち誰か一人が感謝をし始めると、不思議と自然に他の家族も真似るようになります。それだけで家族関係が円滑になることも多いのです。

相手に対して勝手に「分かってくれているだろう」と思い込んで、甘えてもたれかかってしまうのが、日本の家族の傾向のように思います。感謝に限りません。「このことに対して私はすごく傷ついた」「あなたがこう言ったことを、私はすごく悲しく思った」という負の感情が起きた時も、瞬間的な大きな感情の波が収まった後で、冷静に家族にきちんと伝えると、それ以上の過剰な諍《いさか》いや揉《も》め事に発展することが少なくなります。不満を溜め続けると、それが次第に恨みのような感情に化けて（罪穢れです）、いきなり爆発して離婚話に発展したりもします。言葉にして相手に伝えるポイントは、相手を責めるのではなく、「私はこう感じた」と「私」を主人公として淡々と伝えることです。どう伝えるか思いを巡らせると、自分の中の負の感情を冷静に分析することになりますから、意外にそれで気が済んでしまうこともあります。

また、「家族だから○○してくれて当然」という身勝手な「期待」もいけません。これは家族以外の人間関係でも同じですが、自分以外の人に何かをしてもらうのが「当然」ということはありません。無意識のうちに、当然と思って期待しているから「してくれない」ことに腹が立つのです。こうしたネガティブなエネルギーの元を少しずつ断っていくと、ずっと楽に生きられるようになります。

「運命は変えられる」と思って行動する

「運命とは〝命を運ぶ〟こと。死ぬまでの間、自分で命を運ぶのだから、自分で変えられる」。師匠の宗延がよく相談者に話して聞かせていた言葉です。「運命」という言葉は「運命だから仕方ない」というように、変えられないものとして使われることが多いのですが、決してそうではありません。どう命を運んで行くのか、決めるのは自分です。そこで重要なのが行動。「運ぶ」という行為は「動く」ことです。死ぬまで真摯に命を運びましょう。

禊にいらっしゃる方の中にも、行動できないことが原因で罪穢れを増大させている人は多くいます。例えば、職場に不満があり、人に会うとその愚痴話ばかり。それならば職場を変える、もしくは「お金を稼ぐための手段だ」と割り切って、他に充実した時を過ごせることに取り組む。「結婚したいけれど良い相手がいない。出会いがない」と口癖のように長年ぼやいている。真剣に「結婚」ということを望むならば、結婚相談所に登録する、信頼できる人に紹介をお願いする、出会いがありそうな場に積極的に参加する。まずその前に「結婚したい」と思わせるような自律した人物になっているか省みて、「自己研鑽《けんさん》が必要だ」ということもあるかもしれません。禊にいらした方の中には、そもそも「なぜ結婚したいのか」と突き詰めて考え、実は「自分の人生ではそれほどこだわることでもなかった」と気づき、将来設計を切り替えて仕事に励んでいる女性もいます。

運命を変えるには行動する。そのきっかけとして禊を活用して、起業や転職に結びつけた方々の話は既にご紹介しました。禊をして、生まれ変わった気持ちで新しい人生を始める。その決意の場にも禊はなるのです。自分を変えられるのは自分だけなのです。

氏神様にお参りしましょう

最近はＳＮＳで「金運がアップする」「縁切りできる」などの情報を得て、わざわざ遠方に出かけて話題の神社に参拝する人も増えています。「せっかく禊したので、どこかパワースポットの神社に行こうと思うのですがどこが良いですか？」「お薦めの縁結びの神社はありますか？」と私も聞かれることが多くなりました。そうした時に私は「まず自宅のある土地の氏神様にお参りしてはどうですか」とお話しします。氏神様は、その土地と土地に住む人々を守護してくださる神様。そのエリアに住む人の担当、学校で言えば担任の先生のような感じでしょうか。もちろん神々様を敬う気持ちは尊いことですので、どこでも参拝いただきたいですが、遠くの神様よりも、まずは近くの神様。そしてご利益を求めるよりも、まずはその土地に住まわせていただき、無事に命を永らえていることに感謝することが大切です。

可能ならば自宅に神棚を作り、氏神様の御札をお祀りすることを私はお勧めしています。しっかりお供えもして、毎日朝夕に「きょうも生かさせていただきありがとうございます」「きょうも一日、無事に過ごさせていただきありがとうございます」と拝礼する。家禊をして我が身を清めてから拝礼するとなお良いでしょう。わざわざ遠くのパワースポットに行かなくても、それだけで日々、神様のお力を頂けます。人の邪念や霊障を受けることに悩んでいた方が、家で神様をお祀りして、そうしたネガティブなものを受けなくなったということもありました。神様のご守護を頂いていることに加え、日々、神様に拝礼する習慣ができて「私は神様に守られている」とご本人が自覚し、気持ちを強く持てるようになったことも大きいと思います。

そうした意味では、御先祖様の御供養も同じことです。御神仏は自分の内なる存在。

そのご加護を信じられると、自分自身が強くなっていきます。御仏壇のある方は、毎日、御仏前で手を合わせて感謝する。御仏壇のない方も毎日、気持ちを落ち着けてから手を合わせて、御先祖様方のご守護に感謝する。もちろん定期的な墓参もしましょう。

氏神様を知りたい時は、自分の住んでいる各都道府県の神社庁に尋ねたり（神社本庁のホームページに連絡先が掲載されています）、また近くの神社で氏子地域を尋ねてみると確認できます。また神棚には、神宮（伊勢神宮）で奉製される神宮大麻と呼ばれる「天照皇大神宮」の御札と、氏神様の御札を併せてお祀りすることが基本です。さらに、崇敬する神社があればそちらの御札と、産土神様《うぶすながみ》と呼ばれる、自分が産まれた土地の氏神様の御札をお祀りすることもお勧めしています。家庭での御神札のお祀りの方法も、神社本庁のホームページに詳しい解説がありますので、参考にしてください。

Misogi Method

気持ちを切り替えるプチ禊

仕事中や外出している時などにネガティブな感情を上手く手放せないなと感じたら、切り替えるための「プチ禊」をしましょう。認知行動療法において、ストレスを解消したり、軽減したりするための行動を「コーピング」と言いますが、プチ禊も同じです。自分の感情を少しでも良いほうへと向かせる儀式として、ご自身でしっくり来るものがあれば実践してみてください。

流水で手を洗う

洗面所などで、水を流して手のひらに当てます。水の冷たさでスッと体温が下がり、気持ちも切り替わります。禊体験者の中には「手に水を当てながら、禊で使う真言を唱えると効く」という方もいます。

顔を洗う、スプレーの化粧水を顔に吹きかける

水で顔を洗えたら、気分の切り替えはかなり簡単です。メイクをしていて難しい時は、スプレータイプの温泉水や化粧水をシュッと顔に吹きかけてみましょう。

水を一口飲む・口を濯ぐ・うがいをする

冷たい水をきゅっと飲む、口の中を濯いだり、うがいをするだけでも禊になります。水道水やペットボトルの水で構いません。会議中や電車での移動中などでも行える方法です。

塩（粗塩）をひとつまみ舐める

「お風呂で1分お清め法」でも塩を使いますが、塩はお清めにとても便利です。嫌なことがあった時、塩を少量舐めます。また環境が許すなら、パパッと体に振りかけ

てもいいでしょう。食品保存用の小さなジッパーバッグに塩を入れて、常に持ち歩くことをお勧めします。

香りを嗅ぐ

お香は古来より心身を清めたり、また亡くなった方々へのご供養にも使われてきました。許される環境ならお線香を焚《た》くのが最も良いですが、良い香りを嗅ぐだけでも気持ちは切り替わります。日本の香の匂い袋を持ち歩いたり、密教で修験者が手を清めるために使う塗香を用いるのもお勧めです。また、アロマオイルをハンカチやティッシュペーパーに垂らして使ったり、あらかじめ水とブレンドし小さなスプレー容器に入れて持ち歩くと便利です。

ネイティブアメリカンは、古くからハーブのホワイトセージを焚いて空間を清めていたそうです。乾燥したホワイトセージを燻《いぶ》すのも良いですし、セージのアロマスプレーも効果的です。

深呼吸をする

手間がかからず、そして効果も高いのが深呼吸。水や塩が利用できない時は試してください。まずはしっかりと口から息を吐きます。吐き切ると自然に新たな空気が鼻から入ってきますので、無理に吸おうとしなくても大丈夫。そして、またしっかりと口から息を吐きます。これを繰り返すと、かなり気分が落ち着くはずです。吐く時に、口をすぼめてフーッと音を立て、嫌な気分も息に乗って吐き出されていくように想像するとよりスッキリします。

家禊を続けてみた！
さて、ここまで家禊を続けてきたわけですが
ちょっと実感したことがあったんです
フム フム
なんだね言ってみなさい
それは
続けてると気づきや変化っていうものが
ホントーに訪れるんじゃないか
ーってことです
やだ半信半疑だったの？
え？そんなことかって？
そうこんなセリフ聞き飽きてますよねえ
でもねすごく面白い出来事があったんです
私には長い間ずーーーっとモヤモヤと悩ましく思ってることがありました
それはうちのリビングが何をしても片付かないってこと
フム
ほぅ

小物は見えないところに隠してるし
お掃除ロボットも買ったし
イケッ
吸いとる
ふく
テーブル下のラグも取った！
いらんっ
置いてあるのはテーブルとソファーテレビと棚のみ！
あと猫
それでもどうしても散らかっているように見える…
こんなに簡素でうるおいのない部屋なのに…なぜなの？どうして？
だれか教えて！
イライラするから何か食うか
ブチッ
あんぱん
ーという日々を何年も送ってきたのだけど
ポン
家禊を続けていたある日
ん？
ハラヘッター〜

えええええええ！
え――！
貧すれば鈍する
〆切延びないかなー
旅行したい
母
もの食べよ
頭にイボが
眠いわ～
やせたい！
父
かゆい
夕飯何にしよ
ラーメン食べたい
猫
運動
蚊
税金高くね？
腰痛いなー
加齢かよ
ビール飲むか
※個人のイメージをかなり大ゲサにかいてますよ
部屋いっぱいに
私のひとり言！
しかも、ネガティブ！
ってか、ボヤキ！
これか！
ーこれが散らかっていたものの正体か！
アホ
ボケ
カス
は…恥ずかしい…
という感覚がポンっとやってきたのです

私は個人で
仕事をしている
せいか
ひとり言を
よく言います
もーダメだ
今死んでも悔いなし！
いや！もっと食べてから死ぬっ
このひとり言が
空間いっぱいに
ぎゅうぎゅうに
詰まっていたって
ことですね
言霊って
やつか
オソロシイ
眠い
食べながらヤセたい
もっと他に考えることないのか
それは
ものすごく
うるさかった
しかしなんでまた
こんなイメージが…
心当たりは
川禊の行きの
バスの中
なんからうち
散らかってるん
ですよね〜
そんな気がします
否定しないのか
ーって何気なく
話してたん
ですよ
これは
それの
アンサーかっ？
粋なことを…
苦
オホホホホホ
ーてな事が
あったのです
もうひとり言やめよう

これにはちょっと驚いちゃいました
お前ら出ていけ
これって家禊を続けていたおかげで
ポコッ
ちょっと汚れが落ちた素の私が
えぇっ
いつまでもボヤいてんじゃねーよ
ペッ
何かをキャッチしたってことなんでしょうか
もちろん気のせい気の迷いだと思いますよ
思い込みってヤツ？
でも、禊で自分を覆っていたものが流れ落ちると
ふと自分がそれまでの自分とは違ってくる感じがして

自分も
海や山や川、木々と
同じ存在に思える
そうすると、自然と
周りからのメッセージも
受け取りやすく
なるんじゃないかと
思うんですよ
ホレ
ピシ
ハッ
このボヤキも
私の穢れの
ひとつだと
教えてもらった
気がします
ヤセたい
食べたい
おかげで
ひとり言も
減りました
生きていると
どうしても
罪穢れが
ついてしまい
ますよね
宗法
禊導師
穢れろー
つみれろー
しっしっ
なに？
結界？
人は感情の生き物だから
当然です
イライラして
ささいなこと
にも
腹が立つ

罪穢れを
溜めていくと
物事も
うまく行かなく
なってしまう
あっち行きたいのに
行けないっ
そうなると
気持ちも
暗くなり
ますます目が
曇ってしまう
そうならない
ためにも
禊で
溜まったものを
祓う事が
大事になって
くるのです
禊を続けていくと
スッキリした感じが
身についてきます
そしたら
しめたもので
イラッ
こんな時も
スッキリした感じを
思い出し
感情も大きく
揺らがなく
なります
イテッ!
ドン
ま、いっか

嫌なことや苦手な人にもポジティブなところを見つけることができるようになるんですよ
人生ってこれだけで変わってくるんです
あんなに急いで忙しいのね
ドン
ふらつく
考え方ひとつってわけですね
ですよね
わざわざ自分で自分を追い込んじゃいけないですよね
自分のここがイヤ
キライ
ミニクイ!
くっっ
そ…そんなに…
いつも楽しく気持ち良く暮らしたい
私もこれからも嫌なことや気合い入れるぞ!という時に
家禊をしていこうと思います!
毎日はムリかも…お風呂入れない日もあるし
キーィ!
頑張って!
お風呂入ってください
塩
でも、頼りすぎはキンモツ
自分をがんじがらめにしないようにね
ハーイ
ハーイ

川禊を体験して……

息子の死に向き合うため禊に参加。自分を見つめ直し、祈りの本質に気づいた

K・Sさん　50代　女性　会社員

初めて川禊に参加したのは2020年6月です。宗法さんを知る友人より禊のことを聞いており、かねてより参加したいと思っていました。当初は、特別大きな悩みや課題を抱えている自覚はなく、事前セッションでは、親の介護や母親との関係について相談するつもりでいました。しかし実際に宗法さんとお話をする中で、私が最も向き合わなければいけないテーマについてご指摘がありました。それは、10年前に亡くなった息子のことでした。息子は、小児がんで12歳の時に旅立ちました。

息子がどうしてそのように早く亡くならなければいけなかったのか、母親である私が至らなかったからではないかと答えを探し続け、悲しみに暮れる日々でしたが、いつしかその答えは永遠に分からないと思い込み、本質に向き合うことなく過ごすようになっておりました。宗法さんとのセッションの後、私が向き合うべきことは息子のことであると自覚し、祈ることから始めようと心に決めました。

禊が始まる直前に、宗法さんから「○○さん（息子の名前）がこの場にいらしてますね」と声をかけられ、泣きそうになりました。周りの風景は美しく、荘厳で、清らかでした。この景色の中のどこかに息子がいるのかもしれないと思うと、ドキドキする気持ちがおさまりませんでしたが、その時は、息子の存在を私自身が実感することはありませんでした。とにかく緊張して臨んだ禊で無我夢中。川からあがると、急に力が抜けて、足がガクガクしたことを覚えています。

その後、2年くらいの間に6回ほど足を運びましたが、禊をするたびに気持ちがスッキリとして、自分の芯のようなものがしっかりする感覚がありました。自信がないというのが私の課題でもあります。禊を無事に終えると、やり遂げられた自分に自信が持てるようにもなりました。水が冷たくなる時期は、途中でギブアップするかもしれないと思うほどでしたが、最後までやり通せたことは、大袈裟な言い方ですが、人生の縮図を体験できたような感慨もありました。また、毎回息子の存在を意識できたことも力になりました。昨年は友人の病気治癒の祈りという大きな目標を掲げ、どうしても仕事があった1回を除く、全ての禊に参加しました。

禊を続ける理由は、何より宗法さんにお目にかかりたいからです。禊の場で宗法さんと共に、自分も心を無にして真言を唱えて祈る。この時間は、本当に尊く、日常では感じることのない境地です。まず、その空間に自分がいるということに、大きな意味と意義を感じています。禊に参加するためには、仕事、体調、事前の準備や調整が必要です。都心から禊の場へ車で移動することも、運転が不慣れな私にとっては緊張することです。そうしたことを一つ一つ乗り越えて、当日、無事に禊に参加できたということが、毎回感慨深いです。また禊サポーターのMさんの励ましもとてもありがたいものです。

禊を通して、自分に向き合うことは、家族、御先祖様、そして周りの方々全てについて思いをいたすことだと、改めて気づきました。「祈る」ということは、これまで、自分の願いを叶えるためにすることと捉えておりました。もちろん、まだそういった気持ちも持っておりますが、同時に、私が出会った全てのことに「感謝」という気持ちも大きくなりました。また、禊を経て、悩みや迷いが襲ってきた時に、どのように向き合うべきか、自分自身を客観的に見つめることができるようになったかもしれません。

余談ですが、昨年、禊の帰り道、不思議な体験をしました。運転中のことです。とても美しい鳥の鳴き声が聞こえてきて、続けてお花畑が現れ、蝶が舞っている光景が出現しました。そして、そこに向かって猫、猿が歩いている様子が、まるでコマ送りのように見えたのです。運転速度を緩めたわけではないですが、まるで時間が止まったような、異次元に入り込んだ感じでした。時間にしたら、ほんの一瞬だったのかもしれません。その後、同じ道を何度も通りましたが、あの光景はどこにあったものか未だに分かりません。宗法さんに話をしましたら「一生懸命に祈られているご褒美ですね」と言っていただきました。

おわりに

最初の禊の感覚は今でも残っています。16年前の大寒の日、岩手の山奥の道なき道を、かんじきを履いてそれでも雪に埋まりながら歩いて川辺に下りました。そして足を水に浸けた瞬間に感じたのは「冷たい」ではなく「痛い」。とにかく痛い。酷く痛い。ずっと痛い。禊がどれくらいの時間を要するかも知らず、ちょっとした好奇心でこんな所に来てしまったことを深く後悔しました。無我夢中で何とか乗り切り、温泉に浸かり（お湯も痛い）、帰りの新幹線の座席に着いた瞬間に緊張が解けたのでしょう、睡魔が襲ってきてスーッと遠のく意識の中で「あ、私、空っぽになったな」と感じました。そして、とても気持ち良く眠りについたのです。

禊後の不思議な感覚が面白くて、これまた好奇心で通い続けているうちに導師となり、さらに禊の奥深さに魅せられて今に至ります。ですので、私は師匠の宗延から伝授された禊と祈祷しかできません。僧侶や神職の資格がある訳でもなく、ただ自分のための禊をしているうちに、知り合いの知り合い、そのまた知り合いというように、禊の力を必要とする方々とご縁が繋がり、共に川に入り続けてきました。そして毎回、禊の力に気づかされているのです。

この度、禊をご紹介する本を上梓することになったのは、もしかしたら、もっと広く世の中に禊の力が必要とされているからかなと感じています。そして、今は亡き師匠・宗延への恩送り、いつも支えてくれる夫や修行仲間、友人たち、様々な学びの機会を与えて下さった皆様への恩返しにもなると思い、心を込めて執筆いたしました。そして、禊の応援団でもあり、この本を企画してくれた友人でライターの池野佐知子さん、なかなか作業が進まない私を温かく見守ってくださりました編集者の水原敦子さん、まさに体当たりで禊を漫画にしていただいた上田惣子さんに、改めて感謝申し上げます。池野さんはこの本の完成を待たずに他界されましたが、今も禊応援団として私を励ましてくれています（ありがとう！）。

最後までお読みくださりありがとうございました。本書は読んで終わりではありません。ぜひとも禊を実践して、そのチカラを感じてください。様々な価値観が変わりゆく時代に、禊は人生を自律して歩むための一つの道となるはずです。皆様の人生がより良きものとなりますようお祈り申し上げます。

禊導師　宗法

2023年8月吉日

禊を無事に終え感謝の祈りを捧げる

禊をよく知るための参考図書

この本を読み、禊に興味をお持ちになった方に、日々の禊に役立つ書籍をご紹介します。誰にも分かりやすく初歩的なものですが、禊から広がる祈りの世界の一端を知ることができる本を挙げました。よろしければ参考にしてください。

【禊にすぐ役立つ本】

『古神道祝詞　ＣＤブック』（古川陽明・解説、奏上　太玄社）

『古神道祝詞集』（大宮司朗・監修　八幡書店）

本書の中で紹介した禊祓詞、大祓詞をはじめとした祝詞を集め、解説した本。特に『古神道祝詞ＣＤブック』は、そもそも祝詞とは何かということから始まり、なかなか習うことができない祝詞の奏上作法も教授されていてお勧め。『古神道祝詞集』は折り本になっているため携帯にも便利です。

『お祓い日和　その作法と実践』（加門七海・著　メディアファクトリー）

日常の暮らしの中で、誰でも、いつでもできる祓の方法が塩、鏡、食などアイテム別に紹介されています。また「強力な祓いのスイッチ」として年中行事が紐解いてあり、日本人の暮らしの中に「祈り」が根付いていることもよく分かります。

【神道、神々の世界を知る本】

『決定版　知れば知るほど面白い！　神道の本』（三橋健・著　西東社）

記紀の神話から神道の歴史、神社やお祭りのことまで全てが一冊で分かりやすくまとめられ、まず「神道とは何か」を知りたい人に最適です。神社での参拝方法や神棚のお祀りの仕方も解説されています。

『ぼおるぺん古事記』（一）～（三）（こうの史代・著　平凡社）

古事記を読みくだし文（原文）と共に絵物語にしてあり、神代が活き活きと感じられます。伊邪奈岐命の禊と神産みの話、大祓詞に挙げられる須佐之男命による天津罪と天照大神の岩戸隠れのお話は第一巻に。古事記は、講談社学術文庫をはじめとする原文に訳註がついたもののほか、池澤夏樹氏や町田康氏、橋本治氏といった作家による新訳も読みやすくお勧めです。

『神道行法の本　日本の霊統を貫く神祇奉祭の秘事』（Gakken）

少しマニアックですが、神道の行法だけをテーマにしてまとめた本です。祓い清めの行法として、神道での禊のことも詳しく書いてあります。より深く禊の世界を知りたい方へ。

【修行の奥深さを垣間見られる本】

『修行と信仰――変わるからだ 変わるこころ』（藤田庄市・著　岩波現代全書）

著者は宗教を専門とするフォトジャーナリスト。求道のために身体を酷使する修行を経て到達する境地とは何か、様々な宗教宗派の修行を実際に体験してのルポルタージュは読み応えがあります。奈良県の石上神宮の禊行法、千葉県の日蓮宗の寺院・遠寿院の大荒行での水行なども紹介されています。

【禊の根底にある日本人の宗教観を考察する本】

『ケガレ』（波平恵美子・著　講談社学術文庫）

『ケガレの民俗誌　差別の文化的要因』（宮田登・著　ちくま学芸文庫）

禊などで祓われる「ケガレ」とは何かを民俗学、文化人類学的な観点から論考した本。ケガレという観念が日本人の精神性の中にいかに入り込んでいるか、またそのことが差別にも結びついてきたことも知っていただきたく挙げました。学術書ですので少し難しいです。

『現代霊性論』（内田樹、釈徹宗・著　講談社）

霊や霊能者、お葬式、スピリチュアルブーム、日本の新宗教の系譜などを、思想家・武道家として名高い内田氏と現在は相愛大学学長の僧侶、釈氏が現象学的なアプローチで語っています。対談形式で読みやすく、「そもそも霊って?」「宗教とは?」ということが掴みやすい一冊です。東日本大震災後に出版された続編とも言える**『日本霊性論』(NHK出版新書)**もお勧め。

『神と仏の出逢う国』(鎌田東二・著 角川選書)

日本文化の根底にある神仏集合の歴史をたどり、そこから不安に満ちた現代社会に向け、宗教の枠を超えた普遍的で新たな霊性の可能性を模索した本。やや専門的ではありますが、宗教学者で神職でもあり、行者でもある著者の語り口が明快で読みやすいです。信仰とは何かを考えさせられる一冊。

木漏れ日が美しい禊場

著者プロフィール

宗法（しゅうほう）

禊導師、祈祷師
東京都出身。早稲田大学教育学部卒業後、全国紙の記者に。岩手県で祈祷師、禊導師として活動していた師匠の宗延と出会い禊、祈祷の修行を始める。新聞社を退社後、宗延の死去をきっかけに東京を拠点に禊導師としての活動を開始。現在は、奥多摩の秋川上流を禊場にして、二十四節気に合わせて禊を行っている。

漫画

上田惣子（うえだ そうこ）

イラストレーター歴30年。数々の実用書や女性誌などで描いてきたクスっと笑えるコミックエッセイには定評がある。著書に『マンガでわかる介護入門』（大和書房）、『マンガ自営業の老後』（文響社）、『うちのネコ「やらかし図鑑」』（小学館）など。

ブックデザイン　岩永香穂（MOA-I）
カバーイラスト　上田惣子
協力　池野佐知子　松井宏江
校正　永田和恵（株式会社剣筆舎）
DTP　株式会社キャップス
プロデューサー　水原敦子

1日1分お風呂でできる！
禊《みそぎ》のチカラ

2023年10月20日　初版発行

著者　宗法
発行者　太田 宏
発行所　フォレスト出版株式会社
〒162-0824 東京都新宿区揚場町2−18 白宝ビル7F
電話　03-5229-5750（営業）
　　　03-5229-5757（編集）
URL http://www.forestpub.co.jp/
印刷・製本　中央精版印刷株式会社

©Shuho 2023
ISBN978-4-86680-244-2 Printed in Japan
乱丁・落丁本はお取り替えいたします。

本書をお読みくださった皆様に、
スペシャル動画をプレゼント！

1日1分お風呂でできる！

禊のチカラ

購入者特典
プレゼント

［スペシャル動画］

禊に繋がる川のせせらぎ

著者の宗法氏が川禊をおこなっている秋川渓谷。
こちらの滝と川を撮影し、著者のマントラ音声を重ねた「禊に繋がる川のせせらぎ」が誕生しました。川のせせらぎを視聴していると、禊をした時のような状態になるでしょう。

この動画の使い方

・日常生活で気分転換したい時にこの動画を見るとリフレッシュできます。
・家禊をする時に動画を流すと、川禊の雰囲気が味わえます。
・気が頭に昇っている時、この動画を見ると気持ちが落ち着きます。

こちらの動画をプレゼントいたします。
下記よりダウンロードしてお楽しみください。

http://frstp.jp/misogi

＊動画ファイルはWeb上で公開するものであり、小冊子、CD、DVDなどをお配りするものではありません。
＊上記特別プレゼントのご提供は予告なく終了する場合がございます。あらかじめご了承ください。